Norderney
Inseltraum

Norderney Inseltraum

Liebeserklärung an eine Insel

Texte von Arne Goerndt
Bilder von Petra Matzen

Grabener Verlag | Kiel

Norderney
Inseltraum

Bibliografische Information der Deutschen Bibliothek
Die Deutsche Bibliothek verzeichnet diese Publikation in der Deutschen Nationalbibliografie;
detaillierte bibliografische Daten sind im Internet über http://dnb.ddb.de abrufbar.

Postanschrift: Niemannsweg 8 | 24105 Kiel
Telefon: 0431 - 560 1 560 | Fax: 0431 - 560 1 580
Internet: www.grabener-verlag.de
E-Mail: info@grabener-verlag.de

Texte: Arne Goerndt | www.goerndt.de, arne@goerndt.de
Bilder: Petra Matzen | petra.matzen@viehoern.de

Herausgeber: Jann Ennen
Fotos: Horst Wirdemann, Jann Ennen, Mia Grabener, Grabener Verlag
Layout | Satz | Umschlag: Tirza Renebarg
Idee und Konzept: Astrid Grabener
Druck: hansadruck und Verlags-GmbH & Co KG | Kiel

1. Auflage 12 / 2008
ISBN 978-3-925573-31-6

Vorwort des Herausgebers

Inselliebhaber, Wahl-Norderneyer und Insulaner

... haben eines gemeinsam: eine ganz besondere Beziehung zu ihrer Insel. Die kann man gar nicht so einfach beschreiben. Es beginnt schon mit der Stimmung, die aufkommt, wenn man die Fähre betritt. Eine ruhige oder auch stürmische Überfahrt lässt auf jeden Fall genug Zeit, sich auf ein anderes Lebensgefühl einzustellen – eben das besondere Lebensgefühl auf der Insel.

Frischer Wind, Sonne und der Duft nach Meer unterstreichen das Wohlgefühl, das sofort da ist, wenn man den ersten Fuß auf die Insel setzt – sogar, wenn erst einmal eine kräftige Bö zur Begrüßung in den hochgeschlagenen Kragen fährt. Tief durchatmen und ein kurzer Blick in die Runde bestätigen: Einfach schön. He Norderney!

Die Insulaner und mit Ihnen die Familie Ennen sind immer bestrebt, Gästen und Besuchern etwas abzugeben von dem, was Norderney ausmacht. Ostfriesische Gemütlichkeit und all die einmaligen, nirgendwo sonst zu findenden Eigentümlichkeiten: Blättern Sie in diesem Buch, lesen Sie etwas über Natur und Kultur, erfahren Sie, wie es bei der echten Teetied zugeht oder welche besonderen Leckereien Sie selbst ausprobieren können.

Wir freuen uns, Ihnen mit diesem Buch unsere Insel noch ein bisschen näher zu bringen. Genießen Sie die Zeit auf Norderney und besuchen Sie uns zum Beispiel in der Teestube. Wir freuen uns auf Sie.

Es grüßen Sie herzlich
Silke und Jann Ennen

Vorwort des Autors

Liebe Inselfreunde und -freundinnen,

Als ich mich erstmals 1996 mit der Internet-Seitenbastelei befasste fehlte mir ein Thema: Eine Homepage macht nur Sinn, wenn es auch Leser dafür gibt. Damals gab 's noch keine offizielle Norderney-Seite, und so entstand ney-info.de. Zugegeben: Ich hatte keine Ahnung. Für Insulaner ist die Insel eine Selbstverständlichkeit, kaum einer war je auf dem Leuchtturm, niemand hat Fotos, schließlich hat man Strand und Watt ja direkt und live vor der Haustür.

Meine „Liebeserklärung an eine Insel" sollte ein privates Experiment werden, keine Werbung, niemandem verpflichtet und frei von der Leber weg geschrieben, wie man so schön sagt. Restaurantempfehlungen gibt 's genauso wie Verrisse, ganz anders als die üblichen Broschüren und manchmal frech formuliert. So bekam ich einen gehörigen Schrecken, als Jann mich fragte, ob wir meine Texte nicht zwischen zwei Buchdeckel pressen sollten. Erst wollte ich sie umschreiben, anpassen, wie man eben eine Werbebroschüre formuliert, aber Jann bestand auf dem Original ... So halten Sie heute einen Auszug meiner Texte in der Hand, die Petra Matzen wunderschön illustriert hat. Es ist ein ungewöhnliches Buch geworden, das werden Sie gleich merken. Und es ist eine Liebeserklärung geblieben, gemacht von Astrid, Petra, Jann und allen, die etwas beigesteuert haben und die dafür unseren Dank verdienen.

Ich wünsche Ihnen viel Spaß beim Schmökern und wenn Sie Lust haben, gucken Sie doch mal auf ney-info.de vorbei, schicken mir Ihre schönsten Urlaubsbilder oder hinterlassen einfach einen Gruß, dann hat sich die Arbeit gelohnt. Wir freuen uns auf Ihre Reaktionen!

Arne Goerndt

Norderney, Weststrand: Sonne, Strand und Meer sind in jedem Jahr wieder die stärkste Anziehung für viele Besucher, Tagesgäste und Dauerurlauber.

Wie alles begann ...

Die ostfriesischen Inseln sind im Gegensatz zu ihren nordfriesischen Kollegen in Schleswig-Holstein kein Rest des Festlands, also entstanden bei Sturmfluten, sondern aus nicht mehr regelmäßig überspülten Sandbänken gewachsen, auf denen sich zunächst eine spärliche, anspruchslose Vegetation niederließ wie etwa der Queller (salicornia europaea) und der Strandhafer (Ammophilia arenaria), das Silbergras (Corynephorus canescens), die Stranddistel (Eryngium maritimum) und der Sanddorn (Hippophae rhamnoides), von dem es männliche und weibliche Pflanzen gibt: Nur letztere bringen Ende August die orangenen, sauren, Vitamin C-reichen Früchte hervor. Auf einer der Nachbarinseln, Langeoog, blüht ihm daher jedes Jahr ein „grausames Schicksal“: die Zweige der weiblichen Sträucher werden gnadenlos abgeschnitten, tiefgekühlt und so die Beeren vom Strauchwerk getrennt. Denken Sie an diese rüde Behandlung, wenn Sie sich ein Glas Konfitüre mit nach Hause nehmen. Die Norderneyer enthalten sich erfreulicherweise solcher Art Körperverletzung – probieren Sie daher ruhig in freier Natur, wie die Früchte frisch schmecken ...

Irgendwann, vermutlich im 16. Jahrhundert, beschlossen einige Küstenfischer, den Anreiseweg zu den Fanggründen zu verkürzen und schlugen erst sommers, später ganzjährig ihr Domizil auf Nordernye-Oog auf (Norder-Neue-Insel, Norden = nächste Stadt auf

Conversationshaus und bade:haus: Diese beiden Häuser bilden nicht nur ein schönes Architektur-Ensemble, sondern auch eine wesentliche Grundlage für den Erfolg Norderneys als Erholungs- und Urlaubsort.

dem Festland). Das Leben damals war hart und kümmerlich, viele männliche Bewohner fanden ihr nasses Grab auf See, während sie versuchten, sich und ihren Familien den Lebensunterhalt zu verdienen. Andere dienten auf den großen Handelsseglern, die damals von Bremen und Hamburg in alle Welt fuhren. Ja, schon damals kamen die Insulaner ganz schön in der Welt herum ...

Genaueres weiß man erst, seit es regelmäßige Aufzeichnungen über die Insel gibt. 1797 wird Norderney offiziell zum Seebad durch die ostfriesischen Landstände ernannt, was dem umtriebigen Landphysikus Dr. von Halem zu verdanken ist. Damals verzeichnete er 106 Häuser, 506 Einwohner, davon 52 Witwen. Nicht zu fassen, dass das erst 200 Jahre her ist!

Ein Jahr später gab es trotz Geldknappheit (gab es damals auch schon) und Bestrebungen, die Ernennung zu widerrufen, bereits 50 Badegäste. Dr. von Halem lässt 1799 für unvorstellbare 1.394 Taler das Kurhaus am heutigen Standort bauen. Im Jahr darauf verzeichnete man 70 Fremdenbetten und eröffnete somit das Seebad offiziell. Nach einigen Jahren des Zuwachses kommt 1807 die Katastrophe: Im Frieden zu Tilsit wird Norderney Holland zugeschlagen und verarmt völlig. Napoleon verhängt die Kontinentalsperre gegen die Seemacht England und requiriert die gesamte Handelsflotte der Insel. 1810 wird Ostfriesland Teil eines französischen Departements und die Insel bekommt Soldaten und Befestigungen gegen die britischen Schmuggelversuche: die Napoleonschanze – heute ein idyllisches Wäldchen. Von dort konnten die französischen Kanonen den Handelsseglern der Briten sowohl see- als auch wattwärts einheizen – was diese aber nicht sonderlich kümmerte.

In dieser Zeit spielt der Roman „Der Schmugglersohn von Norderney“ von Sophie Wörishöffer: Wie alle Insulaner beteiligt sich der junge Onnen Visser am Schmuggel mit den Konterbandewaren der Engländer und schlägt den verachteten französischen Besatzern immer wieder ein Schnippchen. Das geht solange gut, bis er selbst zum

Soldaten Napoleons ausgehoben wird und nach Russland marschieren muss. Er entkommt der Truppe, erlebt aber versteckt als Zigeuner mit Freunden den Brand Moskaus und die Niederlage an der Beresina, den Untergang der französischen Armee. Auf verschlungenen Pfaden gelangt er unverletzt wieder in die Heimat – ein spannender Roman, als Lektüre für verregnete Inselabende sehr geeignet.

Nachdem wir nun also das französische Reich zu Grabe getragen haben, können wir wieder preußisch werden bzw. zum Königreich Hannover wechseln (1814/1815). Die Ostfriesischen Provinzialstände verzichten 1819 aus finanziellen Gründen auf die Rechte aus der Seebadeanstalt. Norderney wird Königlich Hannoversches Staatsbad. 1822 verzeichnen wir 650 Einwohner in 135 Häusern, 343 Gästebetten in 264 Fremdenzimmern.

1825 kommt Heinrich Heine und schreibt Schönes und nicht so Schönes auf der Marienhöhe. Ihm gefällt es gut hier und so kommt er auch im Folgejahr. Sein Denkmal steht vor dem Haus der Insel. Außerdem kommen u. a. der hannoversche Kronprinz und Herzog von Cumberland, Wilhelm von Humboldt, Dr. Eckermann, König Ernst-August, die Reichskanzler Bismarck und Fürst von Bülow usw.

1840 holt der Blanke Hans die Dünen im Westen der Insel unwiderruflich. Die Nordsee steht buchstäblich im Dorfe. Aber erst nach der Sturmflut von 1855 wird massives Deckwerk geplant. Drei Jahre später sind 950 Meter um den Nordwestkopf der Insel fertig. 1862 kommt das erste Rettungsboot, im Jahr danach entsteht die einzige Windmühle der ostfriesischen Inseln. 1866 geht das Königreich Hannover in Preußen auf. 1872 geht es dann so richtig los: Die erste Dampfschiffverbindung nach Norddeich wird eingerichtet und die Chronik verzeichnet den Eigentümerwechsel von 40 Grundstücken.

1873 werden der Leuchtturm, der Hafen und eine Synagoge gebaut. Im Folgejahr entsteht der Geneverdeich im Bereich der heutigen Südhoffstraße. Angeblich haben die

Oben und Mitte: Basargebäude mit Arkade und Inselraum

Unten: Evangelisch-lutherische Inselkirche zu Norderney

Ein erster schriftlicher Hinweis auf einen Kirchenbau datiert auf das Jahr 1579. Mit dem Bau der Kirche wurde 1878 begonnen. Sie wurde bereits ein Jahr später eingeweiht.

Der Norderneyer Leuchtturm befindet sich ungefähr in der Mitte der Insel und ist mit 54,60 m ihr höchstes Gebäude. Seine geografische Position ist 53°43'N, 7°14'E.

Bauarbeiter dem Getränk damals so zugesprochen, dass der Deich seinen Namen für alle Zeiten weg hatte. 1877 sind wir bei 2084 Einwohnern und 6374 Kurgästen angelangt.

Ich denke, der weitere Ausbau der Insel wird Sie, lieber Leser, nicht unbedingt interessieren, so seien nur noch die Highlights genannt: Seit 1892 fährt die Eisenbahn bis Norddeich. 1914 gibt es so gut wie keine Fischerei mehr, dafür bahnt sich eine Rekordsaison an: Bis Ende Juli verzeichnete man 40.000 Kurgäste, die von 4.300 Norderneyern umsorgt wurden. Doch dann macht der erste Weltkrieg die Insel zur Seefestung. Nach dem Krieg setzt eine langsame Erholung ein bis auf 52.000 Kurgäste im Jahre 1938. Dann ging das Elend von vorne los. Norderney wird nicht nur Flugabwehrfestung, sondern auch Flughafen für Wasserflugzeuge, den die Engländer 1941 in Schutt und Asche legen.

Nach dem Zusammenbruch erholen sich zur Abwechslung einmal britische Soldaten hier, auch die Insel nimmt viele Flüchtlinge aus den deutschen Ostgebieten auf. 1946 wird sie zum Niedersächsischen Staatsbad und im Folgejahr als Nordseeheilbad anerkannt, 1948 wird Norderney Stadt! 1951 kommen die Göttinger Symphoniker als Kurorchester. Ihre Nachfolger, die Warschauer, halten die symphonische Tradition auch heute noch hoch. Zu den Konzerten der viel umjubelten Künstler reisen Musikfreunde aus halb Norddeutschland an, daher auch die Spätverbindungen der Frisia im Sommer zum Festland.

1952 ging es uns Deutschen schon wieder so gut, dass die Insel 1,2 Millionen Übernachtungen zählte. Norderney wächst und wächst. Tja, und mit vielen kleinen und großen Maßnahmen wird es in den Folgejahren zu dem, was es heute ist: ein modernes Kurbad, ein Reiseziel für Familien und Erholungsuchende gleichermaßen, gut und relativ schnell zu erreichen, ein Ferienzentrum, das für jeden Geschmack etwas bietet.

Gepflegte Natur in der Stadt und wilde natürliche Landschaft – auf Norderney liegt das nur wenige Minuten zu Fuß voneinander entfernt.

Heinrich Heine schrieb über die Norderneyer

„Die Eingeborenen sind meist blutarm und leben vom Fischfang, der im Oktober, bei stürmischem Wetter, seinen Anfang nimmt. Viele dieser Insulaner dienen auch als Matrosen auf fremden Kauffarteischiffen und bleiben jahrelang vom Hause entfernt, ohne ihren Angehörigen irgendeine Nachricht zukommen zu lassen. Nicht selten finden sie den Tod auf dem Wasser. Ich habe einige arme Weiber auf der Insel gefunden, deren ganze männliche Familie solcherart umgekommen, was sich leicht ereignet, da der Vater mit seinen Söhnen gewöhnlich auf dem selben Schiff zur See fährt.

Das Seefahren hat für diese Menschen einen großen Reiz; und dennoch, glaube ich, daheim ist ihnen am wohlsten zumute. Sie sind auf ihren Schiffen sogar nach jenen Ländern gekommen, wo die Sonne blühender und der Mond romantischer leuchtet, so können doch alle Blumen dort nicht den Leck ihres Herzens stopfen, und mitten in der duftigen Heimat des Frühlings sehnen sie sich zurück nach ihrer Sandinsel, nach dem flackernden Herde, wo die Ihrigen, wohlverwahrt in wollenen Jacken, herumkauern und einen Tee trinken, der sich von gekochtem Seewasser nur durch seinen Namen unterscheidet, und eine Sprache schwatzen, wovon kaum begreiflich scheint, wie es ihnen selber möglich ist, sie zu verstehen."

Das ist die einzige Windmühle auf den ostfriesischen Inseln. Ihr Erbauer, Ihbe Lammers Hellmers, errichtete sie 1862 und gab ihr den Namen Selden Rüst (selten Ruhe). Heute beherbergt sie ein romantisches Café und Restaurant.

Wissenswertes

Norderney misst ca. 14,5 km in der Länge (die sich erlaufend aber ganz schön hinziehen) und an der breitesten Stelle 2,5 km. Rund 6.100 Einwohner hat das Meldeamt 2008 registriert, nicht wenige davon sind aber so genannte Butennörderneer, solche, die auf dem Kontinent studieren und arbeiten oder sonst dort einer wohlgefälligen Tätigkeit nachgehen, aber immer wieder nach Hause kommen.

Norderneyer grüßen sich untereinander mit einem gesungenen Heee! Darin unterscheiden sie sich wohltuend von den Festlandsostfriesen, die zu jeder Tages- und Nachtzeit Moin-Moin ausstoßen, um sich der gegenseitigen Zuneigung zu versichern. Bitte verwechseln Sie es nicht. Insulaner im Exil verfallen auch Jahre nach ihrer „Ausbürgerung“ noch automatisch in den Eingeborenen-Slang, wenn sie etwa miteinander telefonieren.

Wenn Sie an unserer 1863 gebauten Mühle Selden Rüst (selten ruhig) vorbeikommen, der einzigen Windmühle auf den ostfriesischen Inseln, dann achten Sie mal auf die Stellung des Galerieholländers. Durch das kleine Windrad wird der Oberteil immer in Windrichtung ausgerichtet. Die Stellung der Flügel dagegen richtet sich nach der internationalen Mühlensprache, mit der weithin sichtbar gemacht wurde, ob die Mühle bereit zur Arbeit ist oder der Müller Feierabend hatte. Heute wird die Mühle vom Heimatverein betrieben und von zwei ehrenamtlichen „Mühleninspektoren“ liebevoll betreut. Jeden Mittwoch Vormittag wird sie in Gang gesetzt, sofern es Wind gibt, denn was ist eine Mühle, die sich nicht dreht?

Wir haben unseren eigenen (inzwischen ganz legalen) Radiosender, der Sie ganz professionell darüber auf dem Laufenden hält, was sich gerade in, auf und rund um Norderney so alles tut. Den Sturmwellensender SWS hören Sie auf 104,0, im Kabel auf 101,3 UKW, und neuerdings als live-stream im Internet. Wenn Sie die hohe Weltpolitik in den Ferien allenfalls kurzgefasst interessiert und Sie stattdessen ein paar Norderneyer Insider-Infos haben möchten, dann kaufen Sie sich doch Deutschlands kleinste Tageszeitung, die Norderneyer Badezeitung, kurzgefasst und topaktuell. Sogar mit Kommentar zur großen Bundespolitik.

Auf der Insel wird kein Geld mehr mit Fischfang verdient, wenn man einmal von einem Angelkutter absieht. Lediglich in den Küstenorten – etwa Greetsiel, Neßmersiel, Bensersiel usw. – gibt es noch berufsmäßige Fischer, die aber unter der Raubfischerei unserer niederländischen Nachbarn schwer zu leiden haben. Lassen Sie sich von den Norderneyern zeigen, wie man frische Krabben (lat. crangon crangon, ostfr.: Granat) pult. Sie werden gleich nach dem Fang gekocht und schmecken frisch am besten.

Übrigens: Siele sind die großen Tore in den Deichen, die das Überfluten den Hinterlands bei Flut verhindern, bei Ebbe aber den Ablauf aus den Entwässerungskanälen Richtung See freigeben. Rund um die größeren Siele sind Fischerstädtchen entstanden, weil es dort durch den Wasserstrom gute Fahrrinnen gibt. Besuchen Sie auf der Hin- oder Rückfahrt einmal eines der netten Dörfchen, trinken etwa in Greetsiel im Witt-Huus eine letzte Tasse Tee bei ostfriesischem Apfelkuchen mit Sahne – hmm ...

Womit wir beim Thema Tee wären. Das ist ein Thema, bei dem man mit den Ostfriesen nicht spaßen sollte. Tee zu bereiten ist eine Kunst, die man entweder im Teemuseum in Norden oder bei einem Besuch im Fischerhausmuseum im malerischen Argonnerwäldchen auf meiner Insel erlernen kann. Schauen Sie mal vorbei und achten Sie darauf: Der Löffel dient nicht zum Umrühren!

Die Teetied (Teezeit) ist ein wichtiger Bestandteil ostfriesischer Gemütlichkeit. Dazu gehören eine Teekanne mit schwarzem Tee, vorwiegend Assam, das Stövchen, sowie Kluntjes (Kandiszucker), weiß oder braun und Sahne. Siehe auch weiter hinten: Teetied ...

Bitte nicht betreten!

Viele Fragen zum Naturschutz beantwortet man Ihnen im Nationalparkhaus am Hafen.

Wenn Sie auf meiner Insel Urlaub machen, dann fahren Sie sicherlich in eines der schönsten und spannendsten Naturschutzgebiete Europas. Schön, denn die einmalige Flora und Fauna der Küste lohnt alleine schon einen Besuch. Dazu die süchtig machende Landschaft mit ihrem reizvollen Wechsel von Meer, Sandstrand, Dünen, Deichen, Hellern und Poldern und das zweimal am Tage überflutete Wattengebiet, ein einmaliger Lebensraum seltener Tiere und Pflanzen im Spannungsbogen zu Einwohnern, Touristen, Wassersportlern und Gewerbetreibenden.

Spannend, denn überall lauern Geheimnisse, die es zu entdecken lohnt. Wie etwa überleben die Pflanzen im nährstoffarmen klitschnassen Moorboden (z.B. der Sonnentau), im Dünensand (der Strandhafer) oder auf den oft überspülten Salzwiesen auf der Wattenseite (Queller)? Wie schaffen es die Seevögel, trotz der vielen Touristen ihren Nachwuchs aufzuziehen? Welche Bewohner finden wir im zweimal täglich überspülten Watt (z.B. Seehunde, der jodproduzierende Prielwurm, die Spritz-Muschel, Krebse und Seesterne, aber auch Austernmuscheln und hin und wieder echter Bernstein), und wie werden die Früchte des Meeres geerntet (Miesmuschelbänke, Schollen, Krabben)? Aber nicht nur unsere Touristen sind das Jahr über unsere Gäste, auch viele Vögel machen auf ihrem Zug in den Süden und zurück Rast auf unserer Insel.

Sie sehen, dieser besondere Raum ist auch für zukünftige Generationen zu schützen – Aufgabe aller, die hier wohnen und arbeiten, aber auch Sie, als Tourist, müssen sich daran (wenn auch nur gewissermaßen inaktiv) beteiligen. Dieser Lebensraum ist von vielen Seiten bedroht. Nicht nur die Naturgewalten stellen eine ständige Bedrohung dar, wenn etwa durch die mächtigen Sturmfluten ein erschreckend großer Teil des Sandstrandes oder sogar der Randdünen auf der Nordseite – und damit ein wichtiger Bestandteil des Inselschutzes – ein Raub der Fluten werden. Sandfangzäune, Aufspülungen, Buhnen, Deckwerk, der Stacheldraht um die Randdünen haben ihren Sinn! Nämlich das Betreten derjenigen zu verhindern, denen gute Worte nicht reichen, um sie davon abzuhalten.

Auch die Menschen beuten den Schatz der Natur oft über die Maßen aus, etwa wenn die Meere und Küstenzonen überfischt werden, ein immer größerer Teil der Insel bebaut wird und die Zahl der Touristen Jahr für Jahr wächst. Den größten Schaden richten mittlerweile jedoch Unwissenheit und Gedankenlosigkeit an, durch die wertvolle Räume zerstört oder geschädigt werden, etwa wenn Kinder die Dünen hinunterrutschen, Erwachsene Müll in der Landschaft verteilen oder geschützte (das heißt: seltene) Pflanzen „abrupsen“

(z.B. den Strandflieder). Manches kann man mit Geld reparieren; ein Gutteil der Kurtaxe muss beispielsweise für die Säuberung der Strände und der Naturschutzgebiete ausgegeben werden – wer will schon zwischen Schokoladenpapier, Cola-Dosen und ausgedrückter Sonnenöltube des Sandburgnachbarn Urlaub machen?

Oft muss man aber schlicht an das Verantwortungsbewusstsein der Mitmenschen lautstark appellieren, etwa wenn wieder einmal durch die Brutgebiete gewandert oder in den Dünentälern gegrillt wird. Alleine die Anwesenheit der Menschen scheucht die Vögel von ihren Gelegen auf, die Eier kühlen aus, und nicht selten wird so der Bestand der Tiere gefährdet. Warum Segler im Wattengebiet unbedingt ankern und trocken fallen, in der Brutzeit scharenweise um die gesperrte Vogelinsel Memmert schippern oder bei Ebbe über die Seehund- und Muschelbänke wandern müssen, versteht nicht einmal ein Segler und Bootsbesitzer, Naturliebhaber und Insulaner wie meinereiner.

Manchmal zweifelt man wirklich am gesunden Menschenverstand einiger Zeitgenossen, die die Natur, die sie so unberührt wie möglich vorfinden wollen, gedankenlos, manchmal auch ganz mutwillig beschädigen. Wie sagt der Rheinländer so schön: „Da krich ich soon Hals!". Okay, okay, Sie tun das nicht, daher Schluss mit der Standpauke.

Wussten Sie übrigens, dass am Stichtag 1. April 2008 genau 31.026 Kaninchen auf Norderney gezählt wurden? Die meisten sind aber so genannte „Tageskaninchen", die abends bei Ebbe auf dem Rücken der Rehe die Insel wieder verlassen ...

Nationalpark Niedersächsisches Wattenmeer

Wenn Sie ein bisschen mehr in die Geheimnisse der Natur eintauchen wollen, wenn Sie wissen wollen, wie man den Pielwurm überredet, sein Jod freizugeben oder wie die Seevögel an das Muschelfleisch herankommen, dann können Sie mit einem der Norderneyer Wattführer losziehen, das lohnt sich.

Aber gehen Sie niemals allein ins Watt: Lebensgefahr!

Das Wattenmeer ist ein „watend begehbares Meer", das zweimal täglich während des Hochwassers überflutet wird und bei Niedrigwasser trocken fällt.

Außerdem können Sie dem Informationszentrum des Nationalparks Niedersächsisches Wattenmeer am Hafen einen Besuch abstatten. Dort unternimmt man täglich geführte Wanderungen am Wassersaum. Fragen Sie die Vogel-Zivis Löcher in den Bauch – dafür sind sie da – oder besuchen Sie die interessante Ausstellung, und richten Sie bei der Gelegenheit einen Gruß von mir aus. Dort wird man Ihnen alles über unsere Meeres- und Wattbewohner, Pflanzen wie Tiere, den Küsten- und Inselschutz, Sandbänke und Lahnungen, Polder und Hellerwiesen, Aufspülungen und Buhnen, Deiche und Dünen, Schafe und Bisamratten, Windmühlen zu Lande und auf hoher See (ja, auch das soll es geben), Springfluten und Nippebben (Tidenhub bei uns ca. 2,5m) erzählen können.

Ganz sicher aber wird man Ihnen etwas von der Geschichte des Nationalparks erzählen, den man nach vielen Mühen und Einwänden endlich im Jahr 1986 geschaffen hat. Durch seine Einrichtung soll die besondere Natur und Eigenart dieser Wattenlandschaft erhalten und vor Beeinträchtigungen geschützt werden. Er erstreckt sich entlang der nahezu kompletten niedersächsischen Küste (360 km Küstenlänge) über 240.000 ha. zwischen der Emsfahrrinne und Cuxhafen, von den Festlandsdeichen bis etwa zur Zehn-Meter-Wassertiefenlinie. Alle ostfriesischen Inseln liegen im Schutzgebiet. Der Park ist aufgeteilt in drei Schutzzonen:

In der Ruhezone gelten die strengsten Schutzbestimmungen, da sich hier die empfindlichsten Landschaftsteile, Pflanzen und Tierarten des Nationalparks befinden. Hier besteht ein generelles, ganzjähriges Betretungsverbot. Watt-, Rad- und ganz normales

Wandern, Reiten und Kutschfahrten sind in der Ruhezone nur auf den ausgewiesenen Wegen erlaubt. Zum Schutze der Natur kann es erforderlich sein, auch diese Wege zeitlich befristet zu sperren; bitte beachten Sie entsprechende Hinweise.

In der Zwischenzone ist alles verboten, was den Charakter des Wattenmeeres, der Inseln und der Landschaft als solche verändert oder den Naturgenuss beeinträchtigt (insbesondere Herumlungern, Zelten und Grillen!). In der Zeit vom 1. April bis 31. Juli (Brut- und Aufzuchtzeit der Vögel) dürfen die Salz- und Strandwiesen nur auf den ausgewiesenen Wegen betreten werden. In dieser Zeit dürfen dort auch keine Wasserfahrzeuge trocken fallen. Ebenso ist das Reiten nur auf den vorgesehenen Wegen erlaubt – na, Sie wissen schon ...

Ansonsten dürfen die Flächen der Zwischenzone ganzjährig auch außerhalb der Wege betreten werden (was auf Norderney kaum möglich ist, da diese Flächen oft eingezäunt und somit erkennbar unzugänglich sind – und dafür gibt es Gründe!).

Die übrige Zone wird touristisch genutzt, insbesondere zum Baden – bitte nur an den bewachten Strandabschnitten, ansonsten besteht wegen der starken Strömungen Lebensgefahr! Sonderregeln gibt es für Hundebesitzer, Drachen-Liebhaber, Reiter und Strandsegler.

Der Nationalpark Niedersächsisches Wattenmeer ist aufgeteilt in drei Zonen mit unterschiedlichem Schutzbedarf.

Wann sollte man nach Norderney fahren?

Norderney ist immer eine Reise wert.

Wer in den niedersächsischen und nordrhein-westfälischen Sommerferien kommen will, muss frühzeitig buchen. Die Zimmervermittlung des Staatsbades und verschiedene Vermittleragenturen, z. B. Logisservice, sind gern behilflich. Im Internet sind auch viele private Vermieter vertreten. Jede Badewanne ist im Juli und August ausgebucht, flachsen manche Insulaner. Norderney ist kein Schicki-Micki-Ort, wir sind ein Familienbad, das leicht zu erreichen ist und viele Freizeitmöglichkeiten bietet. Hier kommt wirklich jeder auf seine Kosten. Selbst an Regentagen gibt es ein üppiges Sportangebot, von Fußball bis Segeln, von Golf bis Schach. In der Urlaubszeit kann man doch mal etwas Neues ausprobieren: Haben Sie schon mal einen morgendlichen Ausritt am Strand gemacht?

Jeder Aufenthalt auf Norderney beginnt oder endet mit einer Schifffahrt. Nur wer es ganz eilig hat, kann Norderney mit dem Flugzeug erreichen oder verlassen.

Auch in den Oster- und Herbstferien ist auf der Insel viel los. Viele Familien freuen sich auf die manchmal etwas raue Natur in dieser Zeit. Aber auch das Kulturangebot kann sich sehen lassen. So kommen der WDR und der NDR zu Live-Veranstaltungen, überregional bekannte A-capella-Gruppen gastieren ebenso wie Kabarettgrößen und Theatergruppen. In den letzten Jahren sind viele Einzelveranstaltungen dazu gekommen: das Piratenfest am Hafen oder der Tag der Sicherheit, an dem großes Rettungsgerät wie die Hubschrauber der Bundeswehr oder die Rettungskreuzer der DGzRS von innen zu bestaunen sind. Traditionell veranstaltet die Bundesmarine einen Tag des Open-ship. Man kann auf den Minensuchern herumkrabbeln und in die Tiefen der Schiffe eintauchen. Oder kommen Sie doch zum Drachenfestival, einem Highlight nicht nur für Kinder.

Wer nicht an Schulferien gebunden ist, dem seien die Monate Mai und Juni, sowie September und Oktober empfohlen. Das durch die Nordsee „gepufferte“ Klima beschert der Insel milde Temperaturen mit geringen Unterschieden zwischen den täglichen Höchst- und Tiefstwerten. Während wir hier in Bonn unter anhaltender Hitze und Schwüle stöhnen, weht auf der Insel immer ein leicht kühlender Seewind, während an eigentlich kalten Tagen die Nordsee für angenehme Temperaturen sorgt. Selbst im Herbst können Sie so im Pullover bis in den späten Abend draußen sitzen und das typische insulare Flair genießen. Viele Wellness-Angebote sind in den letzten Jahren konzipiert worden. Aber ist meine Insel nicht ein einziger „Wellness-Tempel“?

Wussten Sie übrigens, dass auf Norderney der Südwind aus Norden kommt?

Klingt das alles nach Werbechinesisch? Mag sein, aber genauso ist sie nun mal, meine Insel.

Meine Zeit ist die der Norderney-Freaks, die stundenlang am Strand gegen Sturm und Regen kämpfen, die Wolken und den Sonnenuntergang lieben und, wenn sie nach Hause kommen, die Tasse Tee genießen, als sei es die allererste des Lebens. Der echte Ostfriese trinkt Onno-Behrends Gold und zwar nicht unter drei Tassen und das fünfzehn Mal pro Tag mit Kluntje und einem Wulkje Sahne, nicht umrühren! Schirme und Lederjäckchen lassen Sie besser daheim, dafür sind Gummistiefel und Ostfriesennerz angesagt. Es ist die Zeit derjenigen, die gute Luft wie eine Droge genießen und für kein Geld der Welt zu dieser Zeit „in die Sonne" starten würden. Deiche und Strand sind kaum bevölkert, und man bekommt so richtig die Macht der Natur zu spüren, die Gewalt des Meeres, die Vielfalt der Flora. Die Norderneyer kommen wieder vor die eigene Haustür, hinter der sie sich den Sommer über verschanzt haben, um nicht vor lauter Touristen totgetreten zu werden. Man kann dann sogar mit ihnen reden. Und ihr Herz gewinnt man, wenn man die Boßelkugel selbst in die Hand nimmt. Probieren Sie es mal aus, es macht Spaß.

Wo lasse ich mein Auto?

Auf Norderney ist in beschränktem Maße Autoverkehr möglich. Grundsätzlich können Sie daher auf den Fähren der Reederei Norden-Frisia von Norddeich aus Ihr Vehikel mitnehmen. Alternativ können Sie Ihr Auto den Norddeichern überlassen, die gerne in der Zeit Ihrer Abwesenheit darauf aufpassen. Stellen sie es etwa auf den Rasen der Frisia-Garagen, kostet es Sie 4 Euro (2008) pro angefangener Tag.

Wenn Sie es mitnehmen, dann müssen sie es irgendwo lassen. Wenn Ihr Vermieter keinen hauseigenen Parkplatz hat, – fragen Sie ihn danach! – dann bleibt Ihnen wenig anderes übrig, als es auf einem der gebührenpflichtigen Parkplätze (bewachter Parkplatz an der Marienstraße) abzustellen. Kostenfrei ist (noch) der Parkplatz C (zwischen Sportplatz und Hafen). Wenn Sie während Ihres Urlaubs zu Fuß gehen, den kostengünstigen Busringverkehr benutzen oder per Fahrrad die Insel erkunden, dann wartet ihr Auto kostenlos auf den Zeitpunkt Ihrer Heimfahrt – eine sinnvolle Lösung, wie ich finde. Besorgen Sie sich eine Platzkarte für die Rückfahrt bei Frisia!

Und da wir schon dabei sind, die Vorteile des Autoverkehrs auf der Insel zu erläutern, stellt sich schnell die Frage, ob sie es auch in Bewegung setzen dürfen. Die Antwort heißt: Im Prinzip nein. Von Ende März bis Ende Oktober herrscht auf der Insel ein Saison-Verkehrsverbot. Im Stadtbereich (Zone 1 und 2, fragen Sie Ihren Vermieter!) darf nur mit Ausnahmegenehmigung gefahren werden (rotes Schild unter der Windschutzscheibe auf allen Straßen, z. B. Taxis, Handwerker usw., gelbes Schild nur auf bestimmten Straßen und zu bestimmten Zeiten), grundsätzlich nicht nach 20 Uhr, Taxis bis 24 Uhr (danach nur noch ab Rosengarten, Bülowallee Richtung Zone 3 oder was dann noch übrig ist). Genehmigungen werden von der Stadt Norderney restriktiv vergeben.

Das wichtigste Fortbewegungsmittel auf der Insel.

Auf der Fähre erhalten Sie eine Ausnahmegenehmigung, die Sie gut sichtbar unter der Windschutzscheibe befestigen. Damit dürfen Sie am An- und Abreisetag zu ihrem Vermieter fahren. Danach: siehe oben.

Norderney ist eine Fahrradinsel. Lassen Sie Ihr Auto getrost auf dem Festland stehen, sie brauchen es nicht und die Insulaner machen es genauso.
Diese roten Renner wirken zuverlässig und stabil – auch wichtig: Fahrrad fahren hält fit.

Bleibt der Rest: Das ist die Siedlung zwischen Hafen und Stadt, der Hafen selbst und alles östlich der so genannten Meierei, die seit langem keine Kuh mehr gesehen haben dürfte, sondern als Reiterhof dient. Hier dürfen Sie die paar hundert Meter nach Belieben fahren, sofern Sie es nicht schneller als mit 50 km/h tun.

Außerhalb des Saison-Verkehrsverbots können Sie das Auto auf der ganzen Insel frei ausführen, aber warum sollten Sie das tun? Sind Sie nicht gekommen, die Schönheit der Insel hautnah zu entdecken? Lassen Sie es bis zum Abreisetag stehen. Es ist viel gesünder, zu Fuß oder auf dem Fahrrad die Schönheiten der Insel zu erkunden. Glauben Sie mir, man sieht und erlebt dabei viel mehr als eingepfercht hinter Metall und Glas. Und denken Sie immer daran:
Es gibt kein schlechtes Wetter, nur falsche Kleidung. Echte Norderneyurlauber genießen die Unabhängigkeit vom Zündschlüssel.

Wohin man auch schaut: Fahrräder ...

Im Oktober haben Luft und Wasser oft dieselbe Temperatur, so um 12 °C.

Pulloverzeit

Ich liebe diese Zeit.
Nicht der Sommer, der uns entweder zu heiß oder zu nass ist,
nicht der Winter, der auch nicht mehr so ist wie uns die Alten sungen,
der Frühling hat andere Vorzüge,
nein, der Herbst ist es. Der Herbst ist meine Jahreszeit.

Noch kann man im Pullover draußen sitzen,
wenn auch manche schon den Wintermantel hervorgekramt haben.
Der Sturm, der noch nicht nass und noch nicht kalt ist,
und der uns glücklich nach Hause kämpfen lässt,
zu Kerzen, frischem Apfelkuchen und einer Tasse heißem Ostfriesentee.

Es brutzelt und riecht verführerisch aus der Küche:
Bratäpfel, Zimt, Rotkohl und Martinsgans,
Grünkohl, heißer Kakao mit was drin,
die letzten Sonnenstrahlen im Abendrot,

Federweißer und Zwiebelkuchen,
junger Wein in alten Kellern,
der Regen aus braunen Blättern,
Zwerge, die fast im braunen Schnee versinken,
Kinderumzüge im Lampionschein.

Der Herbst erinnert an manche schönen Tage,
Zeit, Bilanz zu ziehen, noch einmal zu träumen
von den letzten Wochen draußen,
von Abenteuern unter Segeln,
Urlaubserinnerungen und Biergartenbesuchen.

Der Herbst, Zeit für Kultur, Museum und Kabarett,
für Einkaufstouren und gute Bücher,
Freunde einzuladen und lange Diskussionen,
Martini und Nikolaus, Oper oder Theater,
Zeit der Besinnung, dass alles Leben endlich ist,
Besuch am Grab und in der Kirche, und auf dem
Weihnachtsmarkt, keine Zeit für Trübsinn,
und doch meditatives in Vers und Prosa,
ein abendliches Konzert und Besinnliches aus
dem CD-Player.

Vorfreude auf Weihnachten (schon wieder!)
nur noch so wenige Wochen bis hin,
Spekulatius und Stollen im Supermarkt,
was schenke ich bloß meinem Vater?
Planung für das nächste Jahr,
die Skisaison, wann gehen wir segeln,
was wird wohl nächsten Jahr um diese Zeit sein?

Der Herbst, soviel Freude, ich genieße ihn.
Wer Trübsal blasen mag, mag blasen,
ich mache nicht mit.
Wer den Herbst nicht genießen kann, ist selbst schuld.

Pulloverzeit, meine Zeit ...

Es gibt kein schlechtes Wetter auf Norderney. Hier gilt wie überall an der Küste: Es gibt höchstens falsche Kleidung.

Essen gehen

Ja ja, ich weiß, Sie haben ein Appartement gebucht und essen zu Hause. Vorzugsweise von daheim Mitgebrachtes. Tun Sie es, aber dann fragen Sie sich mal, worin sich Ihr Urlaub vom Dasein daheim unterscheidet. Richtig: in nichts. Das Geschirr spülen ist das Gleiche, das Essen auch, die Schlange an der Kasse usw. ...

Nun müsste ich mich eigentlich zurückhalten, was Tipps zum Essen gehen angeht (schreibt man das nach den neuen Regeln eigentlich groß und aus-ein-ander?). Aber wer verbietet mir, ein bisschen Schleichwerbung zu betreiben?

Immer wieder beobachte ich mit Alditüten vollbeladene Autos auf der Fähre. Glauben Sie mir, es lohnt sich nicht. Norderney ist zwar alles in allem etwas teurer als Wuppertal oder Solingen, aber der Mehrverbrauch an Treibstoff für den Transport frisst den Vorteil wieder auf. Und Aldi-Food können Sie auch daheim in Krefeld oder Duisburg essen. Lassen Sie es ...

Norderney hat für jeden Geschmack etwas zu bieten. Probieren Sie doch einfach verschiedene Gerichte und Restaurants.

Wohin geht der Autor dieser Seiten, wenn er nicht daheim bei Muttern isst?

Zuerst seien da die vier mit dem riesigen Blick aufs Wasser an der Strandpromenade genannt: Die Giftbude, die Alte Teestube, die Milchbar und das Surfcafé. Alle vier haben ordentliches Essen und eine grandiose Terrasse mit Seeblick (Sonnenuntergänge!).

Gemütlich isst man in der Mühle (Ecke Mühlenstr. / Marienstr.) bei Joachim Vollmer. Auch hier bekommen Sie Fisch, aber auch manch anderes, was ostfriesisch oder auch nicht ist. Nachmittags lohnt sich ein Besuch der Terrasse bei ostfriesischem Kuchen zum Tee.

Gutbürgerlich und preiswert isst man im De Lekkerbek (Schmiedestr.) und im Old Smuggler (Ecke Nordhelmstr./ Birkenweg). Im Neptun (Ecke Luciusstr./Maybachstr.)

So ein traditionelles, ostfriesisches Stövchen gehört unter jede Teekanne.

und im Bootshaus am Yachthafen gibt's gute Schollen, so wie sie der Insulaner liebt. Auf Anregung meines Internet-Gästebuchs (www.ney-info.de) werde ich bei nächster Gelegenheit das Restaurant Deichgraf (Ecke Herrenpfad) mal heimsuchen, sowie das Tartufolo an der Grundschule (Ecke Wiedaschstraße), wo es gutes Essen mit Kartoffeln in allen Variationen geben soll. Bin gespannt. Wie hat es Ihnen dort geschmeckt?

Übrigens Fisch: Tun Sie sich den Gefallen und stehen ein paar mal gegen 6 Uhr auf, um zum Hafen zu radeln. Dort warten die echten Norderneyer auf den frischen Fang der Kutter vom Festland, die direkt ab Schiff verkaufen. Für frische Schollen oder Granat (Nordseekrabben, lat. crangon crangon) lasse ich jedes Rinderfilet stehen. Vergessen Sie Scholle à la Kantine Ihres Betriebs, wer einmal frische (mit Haut) gegessen hat, wird nie wieder einen Gedanken an Tiefkühlfilet verschwenden.

Etwas teurer, aber mit ausgesucht gehobener Küche verwöhnt das Ehepaar Lenz Genießer im gleichnamigen Restaurant schräg gegenüber der Polizeistation (Onnen-Visser-Platz / Ecke Benekestraße) – vorbestellen und Gruß ausrichten. Außerdem sollten Sie unbedingt das Kochbuch begutachten, das Volker Lenz geschrieben und Ole West illustriert hat.

Auf dem Rückweg vom Ostteil der Insel lohnt sich ein Stop zu Tee und Kuchen im Golfhotel (neben dem 9-Löcher Dünengolfplatz) oder im Café Oase am FKK-Strand. Gut und daher meist voll ist die Weiße Düne, das neue Team bemüht sich offenbar nach Kräften, den Gästen einen Platz zum Entspannen (Sofaecken), zum Aufwärmen (Kamin) und zum Schlemmen zu bieten. Ab 18 Uhr gibt es dort eine interessante Abendkarte, prima zum Hinlaufen, zurück Taxi fahren.

Die Waffelbäckerei – ich brauche hier nicht zu schreiben, wo die zu finden ist. Sie werden Sie am verführerischen Geruch ganz von selbst finden. Frische Nordseeluft gepaart mit belgischen Waffeln mit Sahne, Vanilleeis und Kirschen: hmm!

Nicht übersehen dürfen Sie die Alte Teestube, die zwar in einem gar nicht alten Haus residiert, dafür aber jede Menge alte Tradition pflegt, zum Beispiel die Teezeremonie. Dazu gibt es ein verführerisches Angebot von selbstgebackenem Kuchen und üppigen Torten.

Bleibt mir noch, Ihnen guten Appetit zu wünschen ...

Unsortiert und daher gänzlich ohne Überschrift gibt 's noch ein paar Tipps:

Foto: DGzRS, Sven Junge

Besuchen Sie das Rettungsbootmuseum am Weststrand, informieren Sie sich über das segensreiche Werk der Deutschen Gesellschaft zur Rettung Schiffbrüchiger. Es ist schier unglaublich, dass es wirklich Leute gibt, die sich freiwillig in den Hexenkessel eines Nordseeorkans begeben, um Menschen in Seenot zu helfen. Helfen auch Sie – mit einer Spende in eines der zahlreich aufgestellten Sammelschiffchen. Mögen Sie nie auf die Hilfe der Retter angewiesen sein.

Es regnet? Ostfriesisches Schietwedder? Dann ab in Die Welle, neuerdings: „bade:haus“. Nein, nicht in die Nordsee, das Spaßbad mit Wasserrutsche, Sauna und allem was so dazu gehört, alle 30 Minuten Wellen. Der Autor hat hier im Vorgängerbad manchen Liter kaltes Salzwasser beim Schwimmenlernen geschluckt – es hat ihm nicht geschadet ... Übrigens: Die erste europäische Wellenmaschine einer Badeanstalt hat man als technisches Denkmal vor die Türen des ehemaligen Freibads, heute Seebade-Museum, am Weststrand gesetzt. Gehen Sie mal hin, ein interessantes Stück technischer Geschichte.

Das Licht des Leuchtturms dreht sich gegen den Uhrzeigersinn – und das ist nicht die einzige Besonderheit, die Norderney zu bieten hat ...

Über das Leben auf der Insel gibt das Fischerhausmuseum im idyllischen Argonnerwäldchen Auskunft. Fragen Sie, wie man den Ostfriesentee richtig ostfriesisch genießt. Wobei die Norderneyer nicht gern als Ostfriesen bezeichnet werden – obwohl sie es natürlich sind. Insulaner ist die korrekte Bezeichnung, bitte nicht vergessen ...

Wussten Sie, dass auf Norderney der einzige Leuchtturm steht, dessen Lichtstrahlen sich gegen den Uhrzeigersinn drehen? Abends unter dem Turm zu stehen ist ein beeindruckendes Erlebnis. Tagsüber hat man von oben einen schönen Ausblick hinüber zum Festland und über die Insel.

Statten Sie dem Haus des Niedersächsischen Nationalparks Wattenmeer am Hafen einen Besuch ab. Nirgendwo bekommt man einen so lehrreichen Einblick in das zerbrechliche Gleichgewicht von Watt, Meer und menschlichen Eingriffen.

Im Sommer gibt es verschiedene Führungen, z. B. zur Stadtgeschichte oder zur Flora der Insel. Machen Sie eine mit oder lassen Sie sich von Wattführer Käpt'n Willy das Watt zeigen.

Meiden Sie das Betreten der Dünen. Sie sind für die Insel als Sturmflutschutz lebenswichtig! Gehen Sie niemals allein ins Watt: Buchstäblich in Minuten kann sich das Wetter ändern, und bei auflaufender Flut ist man bei Nebel ziemlich dumm dran, wenn man nicht zurückfindet. Lebensgefahr!

Vielleicht wollen Sie im Winter Ihren Augen nicht trauen, wenn sich am Nordstrand eine Kindergruppe bei Temperaturen, die üblicherweise den Eiskratzer erforderlich machen, in die Fluten der Nordsee stürzt. Norderney ist ein anerkanntes Zentrum für die Behandlung von Erkrankungen der Haut und der Atemwege. Gerade eben ist Ihnen eine Kindergruppe des Seehospizes begegnet, das u. a. mit Abhärtungsübungen sehr erfolgreich Asthma und Neurodermitis behandelt. Das Pendant für Erwachsene finden Sie in der Lippestraße.

So, und wenn Sie nun auf meiner Insel waren, schicken Sie mir eine Postkarte, auf dass das Heimweh nie erlösche …

Norderney kann man gut zu Fuß erkunden. Man findet dabei neben vielen Neubauten auch noch alte Häuser mit dem Charme der Bäderarchitektur.

Woran man sonst nicht denkt – Versorgung und Entsorgung

Nahezu alles Menschenwerk, das Sie auf unserer Insel vorfinden, jeder einzelne Bauziegel, jede Wurstscheibe auf Ihrem Butterbrot, jede Einrichtung und nicht selten auch das Personal, das Ihnen den Urlaub verschönert, kommt vom Kontinent, wird also quasi importiert vom Festland. Die Schiffe der Reederei Norden-Frisia transportieren nicht nur Urlauber und Insulaner, Arbeitskräfte und viele Handwerker, PKWs und LKWs zur Insel, sondern auch alle Nahrungsmittel, Möbel, Baustoffe und Toilettenpapierrollen, kurz: alles was uns die Natur nicht selbst zur Verfügung stellt. Dass dieser Transport teuer und die Preise auf der Insel daher etwas höher sein müssen als auf dem Festland, werden Sie verstehen.

Im Watt verlegte Seeleitungen bzw. -kabel versorgen die Insel mit Strom, Gas und Kommunikation (Telefon). Treibstoff für unsere klitzekleine Tankstelle und die Ölöfen der Insel kommt regelmäßig mit dem Tanker; Post, Ihre Koffer und nicht zuletzt Sie selbst kommen mit der Frisia. Nur wenige Menschen machen sich darüber Gedanken, aber die Versorgung ist eine gut organisierte logistische Aufgabe, die den Insulanern und Gästen erst so richtig bewusst wird, wenn 's mal nicht klappt, etwa wenn ein Bagger eine Stromleitung zerrissen hat oder die Frisia wegen Eisgangs nicht fahren kann und das Mehl der örtlichen Bäckereien knapp wird (keine Angst, kommt nur alle paar Jahre vor).

Wasser ist auf der Insel ein besonderes Gut. Es stammt aus einer Süßwasserlinse unter der Insel.

Originär wird auf der Insel eigentlich nur das Trinkwasser gewonnen. Nein, es ist weder aus Meerwasser noch stammt es aus versickertem Salzwasser. Wir sind in der glücklichen Lage, den Wasserbedarf ausschließlich aus Grundwasser, also eingetragenen Niederschlägen, decken zu können, die sich unter der Insel zu einer Süßwasserlinse gesammelt haben. Diese ist bedroht, wenn Salzwasser – etwa bei Sturmfluten – ins Innere der Insel und in die Brunnen eindringt bzw. versickert (Wangerooge 1962) oder bei zu hoher Wasserentnahme. Daher schützen Sie bitte nicht nur unsere Deiche und Dünen, sondern seien Sie auch sparsam mit dem Trinkwasser.

Das ausgesprochen kalkarme Wasser (wenn Sie sich nass rasieren, werden Sie die Seife kaum abspülen können) wird in zwei Wasserwerken aus dem Untergrund gefördert, (nicht chemisch!) gereinigt und über den Ort verteilt. Ich kenne Insulaner, die es sich kanisterweise nach Recklinghausen und Gelsenkirchen mitnehmen, da sich der richtige Teegenuss nur mit weichem Wasser einstellt.

Der Salzgehalt unseres Trinkwassers liegt erstaunlicherweise unter dem vieler Tafelwässer, die Sie zu Hause in Flaschen käuflich erstehen. Die hin- und wieder leicht gelbliche, gesundheitlich völlig unbedenkliche Trübung ist auf eine Ton- und Torfschicht im Untergrund der Insel zurückzuführen. Die Beseitigung der Trübung wäre nur durch Zugabe von Chemikalien möglich – und das gibt 's bei uns nicht!

Für diejenigen, die es näher interessiert: ca. 33 Mio. m^3 Süsswasserlinse, jährlicher Neueintrag 2,7 Mio m^3, Entnahme ca. 0,9 Mio m^3 (leicht zurückgehend!), pH 8,12 (erlaubt 6,5-9,5), Calzium 30 mg/l (400), Nitrat 2,5 mg/l (50), Chlorid 42 mg/l (250), Wasserhärte 6,12° dH, was Härtebereich 2 entspricht – vergleichen Sie das mal mit Ihrem Mineralwasser!

Fisch wird von den Insulanern kaum noch gefangen, ein paar Jäger sorgen für die Regulierung des Wildbestandes (insbesondere der unzähligen Kaninchen), in den beiden Kleingartenkolonien gedeihen Obst und Gemüse zum Eigenverzehr.

Nachdem sich an einem der vier Windräder, die einige Jahre an der Kläranlage Strom produzierten, ein Rotorblatt gelöst hatte und in Richtung eines nahegelegenes Haus geflogen war, wurden die restlichen drei demontiert und nicht wieder aufgestellt – aus Gründen der Sicherheit für die Anwohner und aus Naturschutzgründen (Vogelschutzgebiet).

Wie gesagt, es kommt fast alles vom Festland.

Neuerdings finden Sie möglicherweise in den Regalen Ihres Supermarkts daheim Norderneyer Schinken. Er reift hier über 16 Wochen in frischer Seeluft und erfreut sich großer Beliebtheit, ist veredelt, reich an lebenswichtigen Aerosolen aus dem Meer, außerdem fett- und kalorienarm. Die Norderneyer Schinken GmbH & Co. KG ist eine der modernsten Produktionsstätten ihrer Art. Das rohe Fleisch kommt natürlich vom Festland und wird dort vorwiegend auch verzehrt. Wenn Sie Zeit haben, besichtigen Sie den Betrieb und verkosten die Delikatesse gleich vor Ort. Melden Sie sich einfach montags bis freitags zwischen 10 und 13 Uhr unter der Telefonnummer 0800-8770770 an und lassen es sich schmecken!

Die Inseln haben schon vor vielen Jahren viel Geld in moderne Kläranlagen investiert. Bereits 1971 wurde unsere vollbiologische Anlage in Betrieb genommen und 1993 erweitert. Sie ist auf eine Kapazität von 50.000 Einwohner-Werten (EW) ausgelegt und nimmt in Spitzenzeiten bis ca. 47.000 EW auf. Im Winter sinkt der Wert trotz einer gemeldeten Zahl von rund 6.100 Norderneyern selten unter 12.000 EW, was an der speziellen Situation der Ferienregion mit vielen Hotels, Kliniken und Ferienhäusern liegen mag.

Nach der üblichen mechanischen Klärstufe (großer Rechen, Sand und Fettabscheidung) wird das Abwasser in bis zu drei Belebungsbecken geleitet, wo es von einigen Milliarden „freischwimmenden Angestellten“ der Stadtwerke (neuerdings: „Wirtschaftsbetriebe der Stadt“) biologisch bearbeitet wird. Fünf bezahlte Mitarbeiter halten sie rund um die Uhr mit viel Sauerstoff, Liebe und Aufmerksamkeit bei Laune. In drei Nachklärbecken setzt sich dann das Substrat ab, während das mittlerweile klare (und trinkbare!) Wasser in drei Schönungsteiche im Vogelschutzgebiet fließt, von wo es ins Wattenmeer abgegeben wird. Auch der Klärschlamm wird wiederverwertet: Er wird in neun großen Beeten rund acht Jahre lang getrocknet (ca. 25.000 m³ p.a., 98 % Wasseranteil) und das Substrat (knapp 10 Prozent des ursprünglichen Volumens) wird u. a. im Landschaftsbau verwendet.

Unsere alte Mülldeponie, gleich gegenüber der Kläranlage (der sog. Schietlecht) ist geschlossen; der Müll wird in Container gepresst und mit einem ehemaligen Landungsboot der Bundesmarine zum Festland befördert. Abfall ist teuer, viel Abfall ist sehr teuer. Daher eine Bitte: Vermeiden Sie, wo es möglich ist, Abfälle oder trennen Sie sie, d.h. ab in die gelben Säcke, Tonnen, Glas- und Papiercontainer.

Auf dem Gelände der ehemaligen Deponie befindet sich heute ein städtisches Recycling-Zentrum, das Bauschutt verwertet und die Kompostierung biologischer Abfälle übernimmt. Die Kleingärtner können hier ihre Gartenabfälle abgeben. Da unser Sandboden sehr nährstoffarm ist, besteht für guten Humus immer Bedarf.

Bauarbeiten am Nordstrand

„Endlich sind sie fertig!", mag mancher ausrufen, der in den letzten Jahren die Insel besuchte. 2001 begann man mit umfangreichen Bauarbeiten, um den Sturmflutschutz Norderney zu verbessern. Der Westteil der Insel wird durch ein massives Bollwerk vor den Kräften des Meeres geschützt. Ein fast fünf Kilometer langes Schutzwerk, vor allem als Promenade, sichert Stadt und Insel vor Sturmfluten; 32 Buhnen sollen gefährliche Sandabtragungen im Bereich des Strands verhindern. Vor rund 200 Jahren erstreckte sich im Westen der Insel noch ein breiter Dünengürtel. Während in den folgenden Jahrzehnten sich Stadt und Kurbad der Insel entwickelten, führten Veränderungen in der natürlichen Sandversorgung zu einer Abnahme des Strandes und einem Verlust der schützenden Dünen. Ab 1857 wurden nach schweren Sturmfluten, die bis in das Dorf durchbrachen, 900 Meter als erstes Deckwerk zwischen Marienhöhe und Kaiserwiese errichtet. Es bildet heute noch einen wichtigen Bestandteil des Inselschutzes.

Das Angenehme mit dem Nützlichen verbinden: Auf Norderney dient die lange Promenade – eine der schönsten Europas – gleichzeitig dem Küstenschutz.

Bei Sturmfluten traten in der Vergangenheit immer wieder schwere Schäden auf, zuletzt bei den schweren Fluten 1962 und 1976. Erhebliche Wasserschäden entstanden auch in der Stadt. Verschiedene Sicherungsmaßnahmen führten zu einer Ausbauhöhe auf NN +

8,20 Meter der Böschung im Bereich der Kaiserwiese. Jedoch ließen in den letzten Jahren Veränderungen der vorgelagerten Sandbänke vermuten, dass die Kräfte, die auf das Deckwerk einwirken, sich erhöht haben. Zudem waren vermehrt Schäden nach eher leichteren Fluten zu verzeichnen. Nach einer umfangreichen Bestandsaufnahme und ausgedehnten Versuchen im Wellenkanal des Forschungszentrums Küste ergab sich die Notwendigkeit der kompletten Restaurierung und Erweiterung des Deckwerks zwischen der Teestube und dem Café Cornelius.

Der Blanke Hans, den viele Besucher als Naturschauspiel beobachten, bedroht trotz aller Bemühungen der Insulaner immer wieder die Küste.

Als Berechnungsgröße nimmt man einen Flutwasserstand von 5,0 Metern über NN (Fluthöhe 1962 NN + 4,12m) zuzüglich einer Wellenhöhe von 3,5m an. Nach Fertigstellung der Bauarbeiten hat die Deichkrone bzw. die Kronenmauer daher nun eine Höhe von 9,30 Meter erreicht. Neben konstruktiven und funktionalen Anforderungen als Küstenschutzanlage wurde auf die optische Gestaltung und Bedeutung der Anlage als Aushängeschild Norderneys für den Fremdenverkehr besonderer Wert gelegt. Materialien wie Klinker, Naturstein und Granit ersetzen die alten, nicht mehr ausreichend standfesten Betonkonstruktionen. Nach umfangreichen Bauarbeiten ist über die vergangenen vier Jahre ein ansehnliches und zweckmäßiges Gelände entstanden, dass auch viele Kurgäste zum Verweilen und Wandern einlädt. Die Finanzierung erfolgte aus Mitteln der Europäischen Union.

Kunst der Küste

Norderneyer Kunst

Kleine Ole West-Hommage

Strandkörbe, Dünen und der weite Blick auf 's Meer – auch das sind Motive, mit denen sich der Künstler beschäftigt. Beim Anblick dieser Bilder spürt man förmlich den Sand zwischen den Füßen und riecht die Seeluft.

Wer kennt sie nicht, die Leuchttürme der Nord- und Ostseeküste, die Türme an fremder Länder Küste, verewigt auf alten Seekarten? Gezeichnet und gemalt hat diese Wahrzeichen mit dem typischen Strich OLE WEST. Durch die unverwechselbare Ausstrahlung, die der Norderneyer Künstler seinen Werken einhaucht, haben sie eine Bekanntheit erreicht, die weit über Deutschlands Grenzen hinausgeht.

Ole West, geboren in Wedel / Holstein an der Elbe nahe Hamburg, bekam bereits im Alter von zwölf Jahren den ersten Zeichenunterricht beim Wedeler Kunstmaler Albert-Ludwig Glaser. Nach dem Studium 1975 bis 1979 an der Fachhochschule für Gestaltung in Hamburg arbeitete er einige Jahre im Studio Hamburg und im Ernst Deutsch Theater, bevor er mit seiner Frau Elke 1984 auf Norderney sein neues Zuhause fand.

Ole West zeigt seine Arbeiten auf zahlreichen Ausstellungen im In- und Ausland. Im Jahre 1990 wurde der Tidenhub-Verlag von Elke West und Michael Rohde gegründet. Der Verlag veröffentlicht ausschließlich die Arbeiten von Ole West in Form von Kunstdrucken, Postkarten, Büchern und Kalendern.

Die Druckerzeugnisse sind unter www.olewest.de im shop erhältlich.

Der Winter entschädigt die Besucher mit den schönsten Himmelbildern.

Boßeln – der ostfriesische Nationalsport

Er wird außerhalb der Hochsaison von vielen Norderneyern auf der Meierei-Straße betrieben. Siedlung gegen Wasserbau, Putz Hum gegen Eilt Wessels. Zwei Mannschaften versuchen gegeneinander mit möglichst wenigen Würfen, eine schwere Boßelkugel über eine festgelegte Strecke hin und zurück zu werfen. Wenn Sie mit dem Auto den Boßlern begegnen, nehmen Sie bitte ein wenig Rücksicht. Klootschießen ist ähnlich, aber mit einer kleineren Kugel.

Klootschießen und Boßeln sind ein Wintersport. Der Ausdruck Boßeln kommt eigentlich aus Schleswig-Holstein. Beim Klootschießen wird eine schwere Kugel, der Kloot, benutzt. Das ist eine aus dem Wurzelholz der Weißbuche gedrechselte und polierte, schwere Kugel. Sie ist bis zu 500 Gramm schwer, hat einen Durchmesser von bis zu sechs Zentimetern und ist teilweise mit Blei gefüllt. Die Boßel-Kugel hat einen Durchmesser bis zu 12 Zentimeter und ist bis zu 1.100 Gramm schwer. Sie wird aus Guajakholz hergestellt und ebenfalls mit Blei ausgegossen, damit sie das richtige Gewicht bekommt. Neuderdings gibt es auch Kugeln aus Hartgummi mit einem Bleikern.

Auf Norderney wird unabhängig vom Wetter die feste Straße als Bahnstrecke benutzt. Kraft und Geschicklichkeit sind gleichermaßen notwendig, damit der Kloot beim Wurf aus der Hand nicht von der Straße abkommt. Er soll so lange und so weit wie möglich auf der Fahrbahn ausrollen.

Die ersten Wettkämpfe im Straßen-Klootschießen wurden 1949 zwischen dem Heimatverein und dem Seglerverein ausgetragen. Seit dem gibt es regelmäßig in der Weihnachtswoche eine jährliche Freundschaftsbegegnung.

Bodenloser Leichtsinn – tödliche Dummheit

„Wenn die Frau da gleich um Hilfe schreit, holst Du sie dann raus?“ frage ich Christian, der neben mir an einem schönen Sommerabend auf einer Bank der Strandpromenade sitzt. Christian ist Rettungsschwimmer – und einer der besseren. Der springt selbst ins Wasser, wenn es friert und wenn 's not tut. „Ablandiger Wind, ablaufendes Wasser“, murmelt er, „da wird 's auch für den Retter gefährlich. Als ob wir nachmittags zum Spaß am Badestrand stehen. 18 Grad hat das Wasser, die Jüngste ist sie auch nicht mehr. Und die Strömungen am Fahrwasser sind tückisch. Aber nein, die muss ja unbedingt ins Wasser!“

„Guck mal da drüben, ein Pärchen und das Kind mit Luftmatratze. Wenn denen was passiert, so schnell ist vom Riffkieker kein Mensch da. Hoffentlich geht das gut“, meine ich.

„Komm, lass uns gehen. Ich kann das nicht mit ansehen, wie man so blöd sein kann ...“ entgegnet Christian und läuft stadteinwärts, weg vom Strand, weg von Leuten, die sich und andere mutwillig in Lebensgefahr bringen. „Und führe uns nicht in Versuchung ...“, höre ich ihn noch murmeln und kann 's ihm nicht verdenken ...

Nachtrag, einige Tage später: 66-jährige Frau geht gegen 18 Uhr am FKK-Strand mit ihrer Freundin und ihrem Sohn ins Wasser, der bewachte Badebetrieb ist längst eingestellt. Freundin und Sohn erreichen mit Mühe das Ufer, die Frau wird eine Stunde später 300 Meter weiter von der auflaufenden Flut auf den Sand gespült. Der Notarzt kann nur noch den Tod feststellen. Tags zuvor ein ähnlicher Fall auf Juist.

Der Himmel verändert sich mit den Jahreszeiten, mit der Tageszeit und natürlich mit dem Wetter. Kenner können an der Farbe des Himmels die Lufttemperatur ablesen.

Conversationshaus mit Bibliothek, Basargebäude, Kurplatz und bade:haus – alles strahlt in neuem Glanz.

Alles neu auf Norderney

In den vergangenen Jahren hat sich auf Norderney viel getan.

Der Kurplatz wurde umgestaltet und erhielt seine sich vielfach kreuzenden Wege zurück, die es in der Vergangenheit schon einmal gegeben hatte. Mit dem bade:haus ist aus dem vormaligen Kurmittelhaus das größte Thalasso-Zentrum in Deutschland geworden, das neben einem umfangreichen Angebot für Wellness und Gesundheit auch ein Spaßbad beherbergt. Das historische Basargebäude ist aus seinem Dornröschenschlaf geweckt worden und aus dem Kurhaus wurde das Conversationshaus.

Das Conversationshaus – eine neue Perle am Kurplatz

In Rekordzeit von nur einem Jahr wurde dem denkmalgeschützten ehemaligen Kurhaus mit erheblichen Fördermitteln neuer Glanz verliehen. Das war eine besondere Herausforderung für Planer und Architekten, die nicht nur ein großes Bauvolumen, sondern auch die historischen Vorbilder und Bedingungen der Denkmalpflege beachten mussten. Besonderes Augenmerk haben die Beteiligten auf die Gestaltung der 800 Quadratmeter großen Wandelhalle gelegt, die über ein großes Glasdach verfügt. Die Säulen wurden sorgfältig restauriert und prägen die Atmosphäre des hohen Raumes, in dem sich nun die Touristinformation, der Veranstaltungsservice und die Zimmervermittlung befinden.

Die Architekten Marc Brune aus Bremen, Ralf Krause aus Lübeck und das Team De Witt, Janßen und Partner aus Bad Zwischenahn sowie Beyer + Freitag aus Emden haben es geschafft, die Atmosphäre vergangener Jahrzehnte wieder zu beleben und an die große Vergangenheit zu erinnern. Der Besucher kann heute ahnen, dass dieser Ort einst ein herrschaftlicher Mittelpunkt der Gesellschaft war, in dem klassische Musik gespielt wurde, wo es rauschende Bälle gab, exklusive Speisegesellschaften und eben feine „Conversation".

Die heutige Nutzung ist zeitgemäß und steht allen Besuchern für verschiedene Zwecke offen. Das Kurpalais mit Bar und Café, Orangerie, Weißer Saal, Bibliothek und Lesesaal sowie ein Laden bieten vielfältige Anregungen und Möglichkeiten der Nutzung. So wird das Conversationshaus seinem Namen gerecht: Es ist vor allem ein Ort für Begegnungen, Gespräche und Erlebnisse – und dabei eine Augenweide für Architektur-Liebhaber.

Diese Eintragungen aus dem Internet-Gästebuch zeichnen ein schönes Bild der Insel. Schauen Sie doch einmal, welche Einträge es dort noch gibt: www.ney-info.de.

Liebeserklärungen an eine Insel aus einem Sommer

22.06.2008, 22:20:25 von Martina
hallo ney fans,
bei mit ist es auch schon wieder eine woche her, seitdem ich auf meiner trauminsel war, es waren wundervolle 7 tage nur sonne, obwohl regen angesagt wurde. ich komme seit 10 jahren schon nach norderney und jedes mal verliebe ich mich neu in diese insel. mach weiter so arne, eine schöne homepage
gruss martina aus nrw

14.07.2008, 09:40:30 von Dieter
Hallo Arne und hallo auch an alle Ny Fans und Leser dieser netten Homepage,
heute fährt der SV Werder in sein Trainingslager und versucht seine Form für die kommenden Aufgaben zu finden. In der Zwischenzeit werde ich auf das Weserstadion aufpassen, bevor meine Frau und ich am kommenden Montag aufbrechen, um unsere Lieblingsinsel für 14 Tage zu besuchen. Wir freuen uns ganz besonders auf die leckeren Brötchen vom Küstenbäcker (Damenpfad/Ecke Strandstraße) und auf eine schmackhafte und würzige Pita Tasche vom Griechen in der Strandstraße.
Sollten wir weitere kulinarische Besonderheiten entdecken, werde ich diese bei unserer Rückkehr anpreisen. Im übrigen haben wir im letzten Jahr im Teestübchen ganz herzhafte Matjes nach Hausfrauenart mit Pellkrtoffeln gegessen und zwar für annehmbare 9,80 €. So nun genug mit der Fresserei, sonst fange ich noch gleich an zu heulen vor lauter Vorfreude.
Viele Grüße aus Bremen auch nach Achim
Dieter

16.07.2008, 16:33:03 von geli
hallo liebe Norderneyfans,
seit meinem 8. Lebensjahr ist das meine Insel ... komme immer wieder hierher. Ich bin jetzt 57 Jahre und immer noch sehr glücklich, wenn ich wieder die Fähre verlasse und die Nordsee rieche ... die Erholung beginnt.

17.07.2008, 12:12:19 von Christa
He Arne! Heute habe ich den tomatigen Gemüseauflauf nachgekocht, meine Familie hat voll zugeschlagen. Sehr, sehr lecker! Seit 1985 haben wir einen Wohnwagenstellplatz auf Booken und lieben Deine/unsere Insel heiß und innig. Liebe Grüße!
Kompliment für Deine wunderbaren Seiten!

22.07.2008, 22:46:20 von Tina
Moin, moin geliebte Insel!!

Ja auch ich bin ein bekennender Fan der Insel, habe im Juli eine Woche dort verbracht und trotz des Schietwetters sehr viel gesunde Luft getankt und die Zeit genossen! Nun muss ich mal eben den Old Smuggler lobenswert erwähnen, super legger dort mit sehr netter Bedienung und sehr angenehmen Preisen ;-) Ich komme im Oktober wieder, also Achtung :-)

23.07.2008, 18:47:28 von Ulrike
.... juhuuu, kommendes Wochenende bin ich wieder auf der Insel :-))) Mein kulinarischer Beitrag: War bei meinem letzten Aufenthalt im Tartufolo, hat mir gut gefallen, schönes Ambiente, nette Bedienung, leckeres Essen. Da würde ich jederzeit wieder hingehen.
Liebe Grüße aus Achim Ulrike

06.08.2008, 10:16:30 von Dieter
Hallo Arne und alle Ny-Freunde, soeben aus dem schönsten Urlaub seit Jahren zurück, fehlen mir eigentlich die Worte das zu beschreiben, was ich fühle. Strahlender Sonnenschein fast 10 Tage hintereinander, 30 Grad Lufttemperatur, 23 Grad das Wasser, leckere kulinarische Genüsse, überall nette und freundliche Menschen, kurzum, es war ein Traum. Im Oktober fahre ich wieder hin, hoffentlich wird es ein goldener.
Schöne Grüße Dieter

08.08.2008, 11:36:11 von gerd
Koffer im Auto, fahren jetzt los, nach Norderney, freuen uns riesig. Heute abend ein KÖPI in der Sandbank.
01.09.2008, 13:49:01 von mani
Hallo zusammen.
Lohnt sich so ne Sambabahnfahrt zur Insel für 4 Tage.
Freue mich über eine Antwort.
LG mani

02.09.2008, 16:09:37
von Dieter für mani,
diese Insel lohnt sich immer, auch für einen Tag.
Gruß Dieter

Eintrag vom 01.10.2008, 22:07:53 von Sabine aus dem Ruhrgebiet
Habe erst jetzt diese schöne Web-Page entdeckt ...
Norderney ist auch „meine“ Insel. Habe es aber irgendwie die letzten 2 Jahre (nach einem hummerroten Wochenende im Februar im König - SEHR empfehlenswert!) leider nicht dorthin geschafft. Aber Freitag fahren wir endlich wieder, wenigstens fürs Wochenende. *freu*
Übrigens: Der liebe Heinrich Heine scheint gerne gereist zu sein – im Harz auf dem Brocken war er z. B. auch. Der ist aber bei ihm nicht so gut weggekommen wie Norderney, denn er soll in seiner Unterkunft folgendes Gedicht im Gästebuch hinterlassen haben:
Große Steine, müde Beine,
saure Weine, Aussicht keine. Heinrich Heine. :-)))

Schreiben Sie doch auch einen Kommentar!

Eine Freude – nicht nur für Kinder – sind die Seehunde, die sich auf der Sandbank ausruhen und genauso neugierig zu den Fähren schauen, wie sie von dort beobachtet werden.

Kindheitserinnerungen

Bei uns zu Hause, auf Norderney, sind die Retter der DGzRS, der Deutschen Gesellschaft zur Rettung Schiffbrüchiger, stets präsent. Seit ich denken kann, lag die Otto Schülke im Hafen, wurden Geschichten von Geburten auf dem Weg zum Festlandskrankenhaus erzählt und standen die kleinen Sammelschiffchen überall: beim Bäcker, beim Schlachter auf der Theke. Als Kinder sind wir an den Werbetagen mit Heften, Stickern, Aufklebern durch die Stadt gezogen und haben jeden Touristen angesprochen. Wir hatten das richtig perfektioniert: Ging das Material aus brachte meine Schwester neues mit dem Fahrrad nach, so dass ich nicht zum Rettungsschuppen zurück musste wie die anderen Sammelkids. So konnte ich immer frische Spender ansprechen, je weiter der Tag ins Land zog, und hatte jedes Mal ein Ergebnis unter den ersten 10. Abends saßen die Ehrenamtlichen dann bei meinem Vater in der Bank und zählten die Büchsen aus. Die hat nämlich eine Kleingeldzähl- und eine Rollmaschine, damals war das etwas Besonderes. Als Dank luden uns die Retter immer zu einer Fahrt in See ein. Wir kauerten auf dem Vorschiff und Käpt'n Rass ließ es im Riffgatt so richtig schaukeln, hui, war uns danach schlecht! Aber nur solange bis wir wieder festen Boden unter die Füße bekamen. Nee, für uns war der Job nix. Wer einmal von Land aus einen Kreuzer im Sturm hat auslaufen sehen, weiß, wo das gesammelte Geld geblieben ist: Es ist mehr als gut angelegt. Ich bin selbst Segler und es ist ein sehr, sehr gutes Gefühl zu wissen, wenn wirklich mal etwas schief gehen sollte: Die kommen! Ich finde, dass die, die sich freiwillig in den Hexenkessel eines Nordseeorkans begeben, weil Menschen dor buten in Not sind, die sollten wenigstens das beste Material haben, das es für Geld zu kaufen gibt. Und noch etwas: Es funktioniert! Ganz ohne Zuschüsse vom Staat. Nur weil sich die Menschen an der Küste ihrer Verantwortung bewusst sind. Zivilcourage, Bürgersinn, wie immer man das nennen will: da ist Arbeit – hol fast!

Fotos: DGzRS, Sven Junge

Wenn auf See etwas schief geht, kann man sich auf sie verlassen – die Männer der Deutschen Gesellschaft zur Rettung Schiffbrüchiger.

Wind gehört auf Norderney zu den üblichen Wetterbedingungen. Davon profitieren nicht nur Surfer …

Butennörderneer

Butennörderneer, das sind ausgewanderte Insulaner, zum Teil im ehebedingten Festlandsasyl, aber immer mit dem Herzen auf unserer Insel. Zum mittlerweile 21. Mal treffen wir uns am ersten Aprilwochenende 2009 in Bornheim-Waldorf, zwischen Bonn und Köln. Auch Kontinental-Neulinge sind herzlich eingeladen. Wir freuen uns auf Euch.

Lecker, lecker, lecker – auf Norderney

Matjessalat

Jeden Tag und ganz besonders im Urlaub alle Sinne ansprechen: hören, sehen, fühlen, riechen, schmecken. Das ist gut für das Wohlbefinden.

8 Matjes-Filets
1/4 Liter Milch
1/8 Liter Sahne
1/4 Glas Salat-Mayonnaise
1 Becher Joghurt
3 Zwiebeln
3 saure Äpfel

Die abgewaschenen Matjes ca. eine Stunde in Milch legen. Sahne, Mayonnaise, Joghurt verrühren, Zwiebeln schälen und in Ringe schneiden. Zwiebelringe und Apfelscheiben in die Soße geben. Soße über die Matjesstücke geben. Dazu passen Weißbrot oder Pellkartoffeln und ein trockener Weißwein.

Guten Appetit!

Tomatiger Gemüseauflauf à la Arne

Während des Abendessens diesen Blick zu genießen, ist ein Hochgenuss.

Für vier hungrige Mäuler. Eine große Auflaufpfanne kaufe man ein, so man sie nicht zu Hause hat:

Kartoffeln, 1 Zwiebelchen, Knoblauch
je 1 Packung Blattspinat und Brokkoli
größere Mengen Tomaten, vorzugsweise aus sonnigen Gegenden
(Minitomaten sind hervorragend für die Sauce, normale für 's Belegen)
1 Packung Feta- oder Schafskäse
vier Scheiben Gouda (Käsefetischisten nehmen 8 Scheiben)
Sahne

Vorbereitungszeit bei guter Organisation 40 Minuten.
Backzeit etwa nochmal 40 Minuten.

Das was am längsten braucht, mache man zuerst: Spinat und Brokkoli auftauen. Pellkartoffeln kochen, abschrecken, pellen, in Scheiben schneiden, Tomaten mit heißem Wasser übergießen, enthäuten. Zwiebeln schälen, kleinschneiden, mit etwas Fett in kleiner Pfanne glasig andünsten. Feta in Scheiben schneiden, Gouda von Rand befreien, aufgetauten Spinat in etwas Salzwasser baden, gut auswringen. Brokkoli in kleine Röschen zerteilen.

Zauberstab und Becher, sowie Knofipresse bereitlegen.
So weit so gut? Prima. Nun geht 's an die Pfanne.
Ofen auf 200 Grad vorheizen.

Auflaufform fetten, kann bei großer Pfanne entfallen, Pellkartoffelscheiben etwa dreilagig auf dem Boden der Pfanne / Form verteilen. Glasig gedünstete Zwiebelchen gleichmäßig darauf verteilen. Wenn die anvisierten Esser keinen Spinat mögen, dann auf einer Hälfte den Spinat und auf der anderen den Brokkoli verteilen – sonst erst den Spinat und darauf den Brokkoli verteilen. Jetzt erst die Soße erstellen: Tomaten im Becher mit dem Zauberstab pürieren, mit gleicher Menge Sahne auffüllen, Knoblauch dazupressen, über die Pfanne verteilen. Ziegelartig abwechselnd Tomatenscheiben und Fetascheiben darauf drapieren.

25 Minuten ohne Deckel in den Ofen (Fetascheiben sollen nur ganz schwach braun werden). Aus dem Ofen nehmen, mit Gouda belegen, mit Deckel nochmal 10 Minuten hinein, abkühlen lassen, fertig!
Guten Appetit!

Ostfriesischer Quarkstreuselkuchen

250 g Mehl
15 g Hefe
knapp 1/8 l Milch

2 Eier
150 g Margarine
125 g Zucker
1 Päckchen Vanillezucker
Schale und Saft von 1 Zitrone
750 g Magerquark
2 gestrichene Teelöffel Speisestärke

125 g zerlassene Butter
200 g Mehl
125 g Zucker
1/2 Teelöffel Zimt

40 g zerlassene Margarine
1 gehäufter Esslöffel Zucker
1 Prise Salz

Mehl sieben, Hefe mit Milch verrühren und in die Mitte gießen, verrühren, mit Mehl bestäuben, zudecken, eine halbe Stunde gehen lassen. Margarine, Eier, Zucker und Vanillezucker schaumig rühren, Zitronensaft und Schale, Quark und Speisestärke hineinrühren.

Aus Butter, Mehl, Zucker und Zimt Streusel machen. Margarine, Zucker und Salz zum Teig geben und glattkneten. Auf einem Kuchenblech (35 mal 25 cm) ausrollen und bei 50° C im etwas offenen Ofen gehen lassen. Die Käsecrème auf den Teig streichen und bestreuseln.

Bei 200° C 35-40 Minuten backen.
Guten Appetit!

Viele Cafés und Restaurants bieten besondere Tee- und Kaffee-Spezialitäten an – garniert mit einer einmaligen Aussicht.

Der Kaffee duftet an der frischen Nordseeluft ganz besonders verführerisch.

Sanddorn-Schoko-Muffins

125 g weiche Butter
125 g Zucker
1 Päckchen Vanillezucker
2 Eier
250 g Mehl
1 Päckchen Backpulver
4 Esslöffel Milch
50 g Schokolade
100 g Sanddorn-Konfitüre oder Sanddornmark
etwas Puderzucker

Butter, Zucker, Vanillezucker und Eier schaumig rühren. Mehl, Backpulver und Milch dazu geben. Die Schokolade in grobe Stücke hacken und unterrühren, dann die Sanddorn-Konfitüre zugeben. Eine Muffins-Backform mit Fett ausstreichen oder mit Papierförmchen auslegen. Den Teig einfüllen und bei 175 Grad ca. 25 Minuten backen, anschließend mit Puderzucker bestreuen.

Die angegebene Menge reicht für etwa 12 - 15 Muffins, je nach Größe der Förmchen.

Sanddorn-Buttermilch-Trank

1 Glas gekühlte Buttermilch und
5 cl Sanddornsaft verrühren
nach Geschmack etwas süßen

... fertig ist ein Erfrischungsgetränk, das nicht nur im Sommer schmeckt

Power-Shake

3 Esslöffel Sanddornsaft
1 Glas Milch
3 Esslöffel Zitronensaft
1 Banane
1 Eigelb

Alle Zutaten in einem Rührgerät oder im Mixer kräftig verquirlen. In ein Glas füllen.

So ungefähr sieht das typische Essen aus, das viele Besucher mit Norderney verbinden.

Fasanenbrause (Achtung hochprozentig und nur für Erwachsene)

250 ml Sanddornsaft, ungesüßt
1 Flasche Wodka oder Korn
200 g weißer Kandiszucker

Sanddornsaft, Kandiszucker und Wodka bzw. Korn in eine Flasche geben. Einige Wochen bis zum Verzehr ruhen lassen, dabei hin und wieder schütteln. Am besten kauft man Sanddornsaft im Reformhaus oder macht diesen selbst. Sanddorn gibt es auf Norderney mehr als genug.

Kleines Tee-ABC

Untertasse = Schöttelke
Kandiszucker = Kluntjes
Ostfriesisches Teegeschirr = Rood Dresmer
Dresdener Teegeschirr = Dresmer Teegood
Teedose = Teebüss/e
Kanne = Treckpott
Tassen = Koppen, Kopkes
Spülschale = Spölkummke
Sahnelöffel = Rohmlepel
Sahne = Rohm
Tropfen Sahne = 'n Wulkje Rohm
kurze Teepause am Vormittag = Elführtje

Teetied – die ostfriesische Teezeremonie

Die Teetied, die Ostfriesische Teekultur, ist eine lokale Besonderheit und gilt als wichtiger Bestandteil ostfriesischer Geselligkeit. Die Anfänge reichen in das frühe 17. Jahrhundert zurück. Um 1610 brachten erstmals Schiffe der Niederländischen Ostindien-Kompanie Tee nach Europa. Schon bald darauf dürfte durch ostfriesische Schiffer erstmals Tee nach Ostfriesland gelangt sein, der dort aber zunächst als Medizin genutzt wurde.

Weder preußische Verbote, die napoleonische Kontinentalsperre noch Notzeiten konnte die Verbreitung verhindern, notfalls betrieben die Ostfriesen ein umfangreiches Schmuggelwesen, um weiterhin mit Tee versorgt zu sein.

Durch die Handelstätigkeit der Niederländischen Ostindien-Kompanie gelangte auch Porzellan nach Europa. Gefäße aus Porzellan erwiesen sich als besonders geeignet für die Zubereitung von Tee und als Trinkgefäß. 1709 gelang in Dresden die Herstellung von Porzellan. In Ostfriesland fanden besonders Geschirre aus der Wallendorfer Porzellan-Manufaktur weite Verbreitung. Dieses so genannte Dresmer Teegood gab es in zwei typischen Dekors: mit einer blauen Bemalung als Blau Dresmer und mit der bekannten roten Rose als Rood Dresmer.

Ein Teegeschirr umfasste eine Teedose (Teebüss/e), Kanne (Treckpott) und Tassen (Koppen, Kopkes) und früher auch noch eine Spülschale (Spölkummke), in der die Tassen vor dem Nachfüllen kurz ausgespült wurden – denn man benutzte keine Siebe. Ursprünglich besaßen die Tassen auch noch keine Henkel, wie sie heute gebräuchlich sind – auch Untertassen waren unbekannt. Teilweise in Ostfriesland, teilweise außerhalb, aber speziell für Ostfriesland wurden später auch Teelöffel, -schaufeln, Sahnelöffel und Zuckerzangen produziert, mit denen der Kandis in die Tasse gegeben wird. Sie sind bis heute verbreitet. Außerdem gab es Teegeschirr aus Silber. In der Alten Teestube wird der Tee übrigens noch im Original-Teegeschirr wie auf den Fotos dieser Seite serviert.

Dieses Teegeschirr und dazu gehörige Kannen und Dosen, sowie die oben erwähnten Löffel sind auch heute noch erhältlich. Im Unterschied zu früher haben heutige Teetassen Henkel und werden auf einer Untertasse (Schöttelke) gereicht, und der Tee wird durch ein Sieb eingeschenkt, das die Teeblätter zurückhält. Auch heute noch ist es in Ostfriesland üblich, einem Gast bei Ankunft eine Tasse Tee anzubieten. Es ist die ostfriesische Art, den Gast willkommen zu heißen. Die Teetied wird durchaus auch außerhalb Ostfrieslands zelebriert. Meist geschieht dies bei Exilostfriesen und Ostfriesland-Freunden als so genannte ostfriesische Teezeremonie.

Wesentlich für die Teetied ist natürlich der korrekt zubereitete Tee. Zuerst wird die Teekanne mit kochendem Wasser ausgespült, um sie zu erwärmen. Danach wird der Ostfriesentee in die warme Kanne gegeben: ein Teelöffel Tee pro Tasse und ein weiterer für die Kanne. Anschließend wird die Kanne zunächst mit heißem Wasser halb gefüllt. Nach etwa drei bis vier Minuten füllt man die Kanne ganz und der Tee ist fertig. Er kann jetzt durch ein Sieb in die Servierkanne oder direkt in die Tassen gegossen werden.

Vor dem Eingießen legt man einen Kluntje, ein großes Stück braunen oder weißen Kandiszucker in die Tasse. Am Knistern des Kluntje hört man, dass das Wasser die richtige Temperatur hat. Mit dem Sahnelöffel (Rohmlepel) gibt man einen Tropfen Sahne („'n Wulkje Rohm") hinzu, am besten vorsichtig am Rand der Tasse, damit eine „Sahnewolke" entstehen kann – „'n Wulkje". Der Tee wird auf jeden Fall ohne Umrühren getrunken. So schmeckt der Genießer zuerst das herbe Teearoma vom Tassenrand, dann den milchigen Teegeschmack in der Tassenmitte und zum Schluss die Süße des gezuckerten Tees auf dem Grund der Tasse.

Für jeden Teilnehmer an einer Teerunde sind mindestens drei Tassen obligatorisch – wer vorher ablehnt, gilt als unhöflich. Der Löffel wird erst gebraucht, wenn kein Tee mehr gewünscht wird. Der Gast legt den Löffel dann in die Tasse. Der Nachmittagstee um etwa 15 Uhr ist die Hauptteezeit. Zur ostfriesischen Teekultur gehört aber auch der Elführtje, eine kurze Teepause am Vormittag gegen 11 Uhr. In vielen Familien gibt es noch einen abendlichen Tee um etwa 21 Uhr. Für neu eingetroffene Gäste wird noch heute gern zu jeder Tageszeit als erstes eine Kanne Tee aufgesetzt.

Das braucht man für die Teetied: Tee (Ostfriesische Mischung), heißes, weiches Wasser, Teekanne mit Stövchen, weiße oder braune Kluntjes, Sahne, geeignete Teetassen, Gebäck nach Belieben.

Die Gastronomie auf Norderney hat einiges zu bieten. Lassen sich überraschen und probieren Sie aus, was Ihnen am besten schmeckt.

Der Köcheverein „Nynorderoog" Norderney e.V.

He und herzlich willkommen! Abgesehen vom einzigartigen Inselgruß möchten wir Ihnen an dieser Stelle einen kurzen Überblick über die Arbeit und Aktivitäten unseres Vereins geben. Die Köchevereinigung „Nynorderoog" e.V. besteht seit 1977 und bildet sich aus Branchenmitgliedern und Köchen der Norderneyer Gastronomie, die es sich zur Aufgabe gemacht haben, den kulinarischen Bereich der Hotel und Restaurantszene auf unserer schönen Insel aktiv mit zu gestalten.

Die Förderung und Wahrung des Berufstandes und der Kochkunst sind dabei die wichtigsten Elemente, die unsere Arbeit bestimmen. Die regelmäßigen Treffen abseits des Betriebes sind durch Fachsimpelei und Informationsaustausch geprägt und dienen dazu, verschiedene Veranstaltungen wie Kochvorführungen, Aktionen in Hotels und Restaurants oder Informationsveranstaltungen zu entwickeln und zu planen.

Die Berücksichtigung des leiblichen Wohles ist uns dabei immer besonders wichtig. Deshalb veranstalten wir Ende Juni die Gourmet-Wochen – das sind zwei Wochen voller köstlicher Überraschungen in den Mitgliedsbetrieben. Außerdem bieten wir die leckersten Matjes-Variationen der Saison direkt auf dem Wochenmarkt an und Sie können uns zuschauen, zum Beispiel beim Spargelschälen. Erkundigen Sie sich nach den nächsten Aktivitäten im Hotel Ennen.

Tschüß bis bald. Leckerst und Best! Nynorderoog e.V.

Wir haben uns als Schüler, die jeden Tag zur Schule zum Festland mussten, immer schwer amüsiert, wenn sich die anreisenden Touristen über die überall im Watt aufgestellten Birkenstämmchen wunderten. Wofür stehen die da? Ist doch klar, damit auch die Seehunde einmal ihr Beinchen heben können ...

Okay, es sind in Wirklichkeit kostengünstige Seezeichen, die den Weg durch die oft schmalen und seltener benutzten Wattenfahrwasser zeigen.

Wilhem Loth,
Kurdirektor Norderney

Weit mehr als Urlaub

Ferien auf Norderney sind so viel mehr als ein Urlaubsaufenthalt an der Nordsee. Sobald Ihre Fähre in Norddeich ablegt, werden Sie vieles hinter sich lassen. Ihre 50-minütige Seereise mit Möwenbegleitung öffnet Ihr Herz für das, was Sie erwartet. Und Sie werden erstmals oder aufs Neue spüren: Norderney. Hier will ich sein.

Von Wasser und Watt umgeben, empfängt Sie die Insel mit ihrem charakteristischen Klima, das Sie tief und befreit durchatmen lässt. Da ist es also wieder, das Spiel von Ebbe und Flut, weitläufige Strände, soweit das Auge reicht, kristallklares Wasser, die sanfte, oft auch ungezähmte Brandung, unberührte Natur und berührende Schönheit. Neben seinem natürlichen Reichtum bietet Norderney alles, was einen abwechslungsreichen, unvergesslichen Inselaufenthalt ausmacht. Zu jeder Jahreszeit zeigt die Insel unterschiedliche Gesichter. Erholsam ist sie immer.

Und Gründe, sich in unsere Insel zu verlieben, gibt es unendlich viele, und jedes Jahr kommen weitere dazu. So wurde im Sommer 2008 unser historisches Conversationshaus neu eröffnet: jene, nach historischem Vorbild errichtete Stätte von Kultur, Begegnung und Dialog in unserem neu gestalteten Kurplatz mit seiner avantgardistischen Muschel für Kurkonzerte. Viele Menschen, die hier leben, sind weitere Schritte zu noch mehr Transparenz und Qualität im Sinne des Gastes gegangen – durch zertifizierte Unterkünfte etwa, oder durch innovative Angebote junger, wie traditioneller Gastronomen, die ihren Häusern kreative Konzepte und ein kulinarisches Niveau verliehen haben, die einer Großstadt würdig sind. Unser bade:haus erfreut sich ebenfalls sehr großer Beliebtheit; es bietet – als größtes Thalassozentrum Deutschlands – auf 8.000 Quadratmetern Wellness und Entspannung pur.

Ich freue mich sehr, dass wir auch unseren vielen Stammgästen immer wieder neue, überraschende Facetten eines Inselurlaubs an der Nordsee bieten können, das Jazz-Festival etwa, unsere I. Sommerakademie für das dritte Lebensalter und originelle Bühnenprogramme im Theater. Die vollständig ausgebaute Strandpromenade erstrahlt inzwischen in neuem Glanz und darf sich, in aller Bescheidenheit, zu den elegantesten Kuranlagen Europas zählen.

Gute Aussichten für Norderney in jeder Hinsicht: Touristen und Insulaner genießen die Weite und Großzügigkeit der Insel täglich in erster Reihe.

Doch die „Seele" unserer Insel sind weniger Bauwerke als vielmehr jene Menschen, die sie mit Leben füllen, Gäste wie Insulaner, die auf Norderney leben und erleben, durchatmen, abschalten und ihre Grenzen erfahren oder auch neu definieren. Natürlich sind wir stolz auf das Erreichte. Doch noch stolzer sind wir, dass es uns Jahr für Jahr gelingt, unterschiedlichste Menschen, ob jung oder alt, glücklich zu machen. Und glücklich sind unsere Gäste – kämen sonst drei von vier immer wieder nach Norderney?

Dies fragt sich mit herzlichen Grüßen

Ihr Wilhelm Loth

Sand und Wasser sind in einem schönen Sommer manchmal alles, was Kinder zum Spielen brauchen. Auf Norderney gibt es beides im Überfluss.

Reiselust & Badespaß

„Norderney, hier will ich sein!" –

das hat schon vor mehr als zwei Jahrhunderten gegolten, nachdem die erste Badesaison im Jahr 1800 offiziell eröffnete. Anders als heute war der Weg aus dem Binnenland an die Nordsee zeitraubend und unbequem. Etwa 16 Stunden benötigte die Postkutsche ab Bremen, von Hamburg bis Aurich 30 Stunden. Zwischen Norddeich und der Insel verkehrte zunächst ein „sicheres, reinliches und mit einer Cajüte versehenes Fährschiff", wobei die Überfahrt bei günstigem Wind etwa 90 Minuten dauerte, bei schlechten Windverhältnissen sogar bis zu drei Stunden.

Mit dem Eisenbahnbau wurde die Reise an das Meer bequemer und schneller. 1856 endete die Bahnstrecke in Emden, 1883 in Norden und 1892 lief der erste Zug in Norddeich-Mole ein. Bereits ab 1859 verkehrten Schnelldampfer des Norddeutschen Lloyd zwischen Bremerhaven und Norderney. Die günstigen Verkehrsverbindungen führten dazu, dass immer mehr Gäste nach Norderney kamen. Lag deren Zahl vor 1834 noch unter 1.000, so stieg sie bis 1866 auf über 3.000 an und erreichte schließlich 1911 etwa 47.000.

Die Gäste, die anfänglich zumeist aus Ostfriesland, den Hansestädten und aus dem Königreich Hannover anreisten, kamen bereits vor der Jahrhundertwende aus dem gesamten Deutschen Reich, aus dem heutigen Polen, aus Österreich und Ungarn sowie den östlichen Provinzen der Niederlande. In nur einem Jahrhundert hatte sich Norderney aus einem Fischerdorf zu einem „Mode- und Weltbad" entwickelt.

Die Gäste kamen der Erholung in guter Luft und dem Bad im Meer wegen. Ebenso anziehend war auch das gesellschaftliche Leben im Seebad: Das Sehen und Gesehen werden auf der Promenade, der Besuch der Kurkonzerte, Soireen und Reunions im Conversationshaus, Segeltouren und Ausflüge zu den Nachbarinseln.

Das Baden im Meer bedeutete in früherer Zeit weniger Spaß und Spiel, sondern war durch Polizei- und Badeordnungen streng reglementiert. Badeärzte empfahlen mit „Frohsinn, Heiterkeit, Vertrauen und Hoffnung“ in das Meer zu steigen, „Beinkleider und Badehemden“ am Strand zu lassen und den Körper einmal oder mehrere Male gänzlich unterzutauchen, dazu die Dauer des Bades auf wenige Minuten zu beschränken. Sollte sich dabei „ein Gefühl erhöhter Spannkraft und vollsten Wohlbefindens“ nicht einstellen, das Bad nicht einmal zwei Minuten oder nach der Regel der Engländer „three dips and out“ nur Sekunden dauern. Noch bis 1909 mussten Männer und Frauen in einem gehörigen Abstand voneinander getrennt baden. Die rote Flagge am Damenbadestrand signalisierte, dass Männer, „welche das 8. Lebensjahr vollendet haben“, sich dem Damenbad nicht nähern durften. „Zuwiderhandlungen werden mit einer Geldbuße bis zu 15 Mark, an deren Stelle im Unvermögensfalle entsprechende Haft tritt, bestraft.“ Erst ab den 1920er Jahren wurden diese strengen Bestimmungen aufgehoben.

Der langen Badetradition des Nordseeheilbades Norderney widmet sich das im Sommer 2007 eingeweihte bade-museum norderney. Auf einer Fläche von mehr als 1.000 Quadratmetern erwartet den Besucher eine Dauerausstellung, die über die Gründung des Seebades, Reisemöglichkeiten, Entwicklung des Badeortes, Badesitten und Badeleben sowie die Fotografie im Seebad informiert. Blickfänge sind die Kleidung und Bademode vergangener Zeiten und eine große Vielfalt an Reiseausstattung. Objekte, Fotografien, Plakate und Texte begleiten den Besucher auf einer Zeitreise und machen einen Museumsbesuch zum Erlebnis. Ganzjährig zeigt das bade-museum Sonderausstellungen, bietet Museumsführungen und Seminare.

Das bade-museum befindet sich im ehemaligen Freibadgebäude, Am Weststrand 11, erreichbar über die Promenade oder durch das Argonnerwäldchen hinter dem ehemaligen Kurhaus, jetzt: Conversationshaus.

Beitrag von Manfred Bätje, Stadtarchivar
Kontakt und Information:

- **E-Mail: stadtarchiv@norderney.de**
- **Internet: www.museum-norderney.de**

Die schöne Seeseite von Norderney ...

Norderney hat eine Länge von 14,5 km – genug Platz für belebte und ruhigere Strandabschnitte, für Häuser mit Meerblick und endlose Spaziergänge.

Der Spezialist auf der Insel

Vielfalt in Person: Jann Ennen macht viele verschiedene Dinge gleichzeitig. Mit der Alten Teestube, seinen Immobiliengeschäften und dem neuen Inselraum sind nur einige seiner Aktivitäten genannt. Außerdem engagiert er sich politisch und gelegentlich hebt er sogar ab, nämlich dann, wenn er nicht auf die nächste Fähre zum Festland warten kann und eigenhändig den Pilotenknüppel in die Hand nimmt.

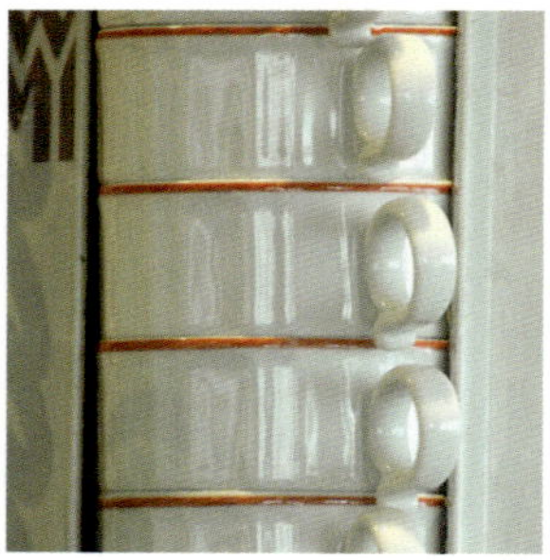

Norderney gehört zu den attraktivsten Feriengebieten in Deutschland. Feiner Sandstrand, Dünen, Kureinrichtungen, ein großes kulturelles Angebot, Kinderparadies, Sporteinrichtungen, Golf, Erholung und Entspannung, aber auch der Natur- und Umweltschutz sind Programm. Viele Urlauber kommen immer wieder, aus Tradition, weil der Erholungswert so hoch ist oder weil sie sich irgendwann entschlossen hatten, eine eigene Wohnung auf der Nordseeinsel zu kaufen. Jann Ennen, gebürtiger Norderneyer, hat viele davon vermittelt. Mit seinen perfekten Ortskenntnissen, seinem marktspezifischen Know-How und Einfühlungsvermögen kann er genau auf die Wünsche seiner Kunden eingehen.

Ob Feriendomizil für die Familie, Renditeobjekt für Kapitalanleger oder Altersruhesitz. Ein großes und attraktives Angebot an Neu- und Bestandsimmobilien, vom 1-Raum-Appartement bis zur Strandvilla, steht den Kunden zur Verfügung. Die angeschlossene Vermittlung von Ferienwohnungen- und zimmern, der Logisservice-Norderney GbR, ist für die Gäste der Insel auf der Suche nach der richtigen Ferienunterkunft unentbehrlich. Aber auch für Immobilienanleger ist dieser Service eine perfekte Ergänzung. Jann Ennen hat damit eine gute Idee entwickelt und geschäftstüchtig mit einem gut eingespielten Team umgesetzt.

Mit der Zertifizierung nach DIN ISO 9002 durch die TÜV Nord Zertifizierungs- und Umweltgutachter GmbH haben Jann Ennens Kunden die Garantie für konstant hervorragende Leistungen dann auch „amtlich“

NORDERNEY-
IMMOBILIEN

Jann Ennen – immer ein kompetenter Partner

bestätigt bekommen. Ein Zertifikat allein macht noch keinen Marktführer in Sachen Immobilien. Dazu gehören Engagement, Mut, Innovation, Medienaktivität und Fachwissen, Kundenservice, der besonders groß geschrieben wird und auch nach der Unterschrift nicht abbricht. Jann Ennen und sein Team können das alles vorweisen, und so ist Norderney-Immobilien der Marktführer auf der Urlaubs-Nordseeinsel geworden.
Auch politisch ist Jann Ennen aktiv. Seit 1986 sitzt er für seine Partei, die CDU, im Rat der Stadt Norderney, bekleidet verschiedene Funktionen in diversen Ausschüssen und hat auch den Fraktionsvorsitz inne. Für den privaten Jann Ennen bleibt neben der Arbeit für seine Unternehmen, bei der ihn seine Frau Silke tatkräftig unterstützt, und seinen politischen Ambitionen kaum Zeit.
Dennoch gibt es für ihn immer wieder neue Herausforderungen. So hat er es geschafft innerhalb kürzester Zeit im Basargebäude eine neue, feine Adresse zu etablieren: den Inselraum. Dort bietet er Gästen und Einheimischen in einer schönen Atmosphäre die vielen kleinen und große Dinge an, die das Leben schöner machen. Inselbesucher können sich so ein Stückchen Inselflair mit nach Hause nehmen.

Gelegenheit zum Luftholen findet Jann Ennen in seinem Café Alte Teestube. Selbstgebackenes, Tee, Kaffee und der weite Blick auf das Meer machen den Kopf frei für die nächsten Termine. Schauen Sie mal herein. Vielleicht treffen Sie den Immobilien-Spezialisten ja dort.

Besuchen Sie Jann Ennen in seiner Alten Teestube.

Oder schauen Sie im Inselraum vorbei: täglich mindestens von 10 bis 13 und 15 bis 18 Uhr. Dort finden Sie zu jeder Jahreszeit die schönen Dinge, die das Herz erfreuen.

Me , myself and I – Arne Goerndt

Ich wurde 1965 auf Norderney geboren – wir Insulaner legen wert auf das „auf“! Grundschule und Orientierungsstufe auf der Insel, dann sieben Jahre auch bei Sturm und Regen jeden Morgen mit der Fähre nach Norden zum Ulrichsgymnasium – im Winter nicht unbedingt eine Freude. Nach einer Banklehre im ostfriesischen Emden verschlug es mich in die alte Bundeshauptstadt Bonn, wo ich bis heute hängen geblieben bin. Neun Jahre habe ich für einen Bundestagsabgeordneten und drei für den Bundesrat Öffentlichkeitsarbeit gemacht.

Haupt- und freiberuflich betreue ich die Computer und den Internetauftritt verschiedener Mittelständler. So ist auch 1996 die erste nichtkommerzielle Norderney-Seite im Internet (www.ney-info.de) entstanden. Heute erfreuen sich die lockeren Texte und die Bilder, die mir Einheimische und Gäste der Insel zur Verfügung stellen, großer Beliebtheit, wie viele persönliche Reaktionen zeigen. Erst durch die Beschäftigung mit dieser Seite habe ich die Liebe zu meiner Heimatinsel so richtig entdeckt – man liebt ja erst richtig, was man nicht mehr hat. Nun ja, vier Stunden, und ich bin wieder „zu Hause“.

Nebenbei bin ich als Conférencier unterwegs, seit fast 20 Jahren als Segellehrer und neuerdings auch als Dozent bei der Volkshochschule, was mir große Freude bereitet. Ich koche ganz gerne, aber nicht für mich alleine. Hatte ich schon gesagt, dass ich gerne segle? Am liebsten in kleinen Jollen, den Wind in den Händen – das ist meine Welt!

Und wenn Sie mich jetzt fragen, wie ich all das unter einen Hut bringe, lautet die Antwort: Es geht nicht ...

Petra Matzens Curriculum Vitae

Aufgewachsen am Wasser, erst in Kiel, dann in Laboe, kann ich doch mein enges Verhältnis zu Wasser nicht leugnen. Jetzt lebe ich zwar dicht am Mittelpunkt Schleswig-Holsteins, aber als Kind der Küste kann ich nicht vom Wasser lassen.

Urlaub auf der Iberischen Halbinsel? Immer an der Küste entlang. Skandinavien? Es müssen große Binnenseen, rauschende Wasserfälle oder die Nord- und Ostseeküste sein. Deutschland? Mindestens Bodenseegröße oder die Inseln, der langen Küstenlinien wegen.

Farbe, Geruch, Geräusch, Leben im Wasser, Leben mit dem Wasser und Leben auf dem Wasser ist für mich spannend und abwechslungsreich. Kein Tag gleicht dem anderen. Das Ganze durch den Sucher einer Kamera zu betrachten und viele kleine Ausschnitte daraus zu bannen, empfinde ich als sehr entspannend.

Blicke in die Weite, in die Tiefe oder auf die sich ständig verändernde Küstenlinie, und nichts ist mehr wirklich wichtig. Wasser ist Leben, Wasser ist Kraft, Wasser ist auch Tod. Aber hier noch einmal: Wasser ist Leben.

... and thank for all the fish. (Douglas Adams)

Een Sandstrand an anner un naturbelatene Dünen sowiet de Oogen kieken, un denn dat Water, uns Nordsee, de sachte Slag van de Wellen, dat arl is Nördernee. Jümmers un jümmers wedder ...

Dank

Unser herzliches Dankeschön für vielfältige Beiträge in Form von Texten, Bildern, Hinweisen und Informationen geht an:

Manfred Bätje, Stadtarchiv Norderney
Frauke Bornschein
Deutsche Gesellschaft zur Rettung Schiffbrüchiger
Uwe Ennen
Mia Grabener
Wilhelm Loth, Kurdirektor auf Norderney
Ole West, Tidenhubverlag
Horst Wirdemann
sowie die Schreiber und Schreiberinnen des Gästebuches

Liebe Leser,

viele Inhalte dieses Buches finden Sie auch im Internet, wo der Autor umfangreiche Informationen über Norderney präsentiert. Diese Seiten werden gelegentlich – je nach Notwendigkeit – aktualisiert und ergänzt. Dort finden Sie noch mehr Hinweise, Tipps und Informationen über Ihre und unsere Insel. Schauen Sie doch einmal und schreiben Sie einen Eintrag in das Gästebuch – vielleicht finden Sie ihn später in einer Neuauflage dieses Buches:

www.ney-info.de